侨界杰出人物故事丛书

冯如的故事

李梓烽　张景秋　萧丽容◎著

中国华侨出版社

·北京·

图书在版编目（CIP）数据

冯如的故事 / 李梓烽，张景秋，萧丽容著. —北京：中国华侨
出版社，2022.3

ISBN 978-7-5113-8658-8

Ⅰ.①冯…　Ⅱ.①李…②张…③萧…　Ⅲ.①冯如（1883-1912）
—生平事迹　Ⅳ.①K826.16

中国版本图书馆CIP数据核字（2021）第 209328 号

冯如的故事

著　　者：李梓烽　张景秋　萧丽容
责任编辑：张　玉
封面设计：何洁薇
经　　销：新华书店
开　　本：710毫米×1000毫米　1/16　印张：15.25　字数：186 千字
印　　刷：三河市华东印刷有限公司
版　　次：2022 年 3 月第 1 版
印　　次：2023 年 7 月第 2 次印刷
书　　号：ISBN 978-7-5113-8658-8
定　　价：58.00元

中国华侨出版社　　北京市朝阳区西坝河东里77号楼底商5号　　邮编：100028
发 行 部：（010）64443051　　传　真：（010）64439708
网　　址：www.oveaschin.com　　E-mail：oveaschin@sina.com

如发现印装质量问题，影响阅读，请与印刷厂联系调换。

目　录

第一章
飞天梦起

1
飞天神话

　　浩瀚的天空总是让人充满想象，也让人心存敬畏。能够在天空中翱翔，是人类世世代代的共同梦想，勤劳勇敢的中国人民也不例外。夸父逐日、嫦娥奔月等家喻户晓的动人神话，正是中国人民思考天空奥秘的开端。虽然年代久远，对于夸父为何逐日、嫦娥如何奔月等个中细节已是众说纷纭，但这仍然是对中国人民坚韧不拔、勇于探索的民族精神的注脚。

　　先秦古籍《山海经》，是中国记载神话最多的一部奇书，也是一部地理知识方面的百科全书。除了保存着丰富的神话资料之外，还涉及多种学术领域，如地理、植物、动物、矿物、物产、巫术、宗教、医药、民俗、民族等，反映的文化现象地负海涵、包罗万象。其中就有飞鱼、飞虫及天女、天马的记载。

　　精卫填海，就是《山海经》里的神话传说之一。相传精卫本是炎帝神农氏的小女儿，名唤女娃。一日，女娃到东海游玩，溺于水中。死后其不平的精灵化作花脑袋、白嘴壳、红色爪子的一种神鸟，每天从山上衔来石头和草木，投入东海。

　　战国屈原作《离骚》，写道："为余驾飞龙兮，杂瑶象以为车。""邅吾道夫昆仑兮，路修远以周流。扬云霓之晻蔼兮，鸣玉鸾之啾啾。朝发轫于天津兮，夕余至乎西极。"意思是，用飞龙为马，给我驾车，车上装饰着美玉和象牙。转向昆仑山下，路途遥远，继续周游。云霞虹霓飞扬，遮住阳光，车上玉铃叮当，响声错杂。清晨从天河的渡口出发，傍晚就到达西方最远处。

到明清时期，小说繁荣发展。其中，明代长篇小说《封神演义》依托商灭周兴的历史背景，以武王伐纣为时空线索，从女娲降香开书，到姜子牙封三百六十五位正神结束，内容篇幅巨大，以幻想之奇特而闻名于世。

《封神演义》中有这么一段——"四翅在空中，风雷响亮冲；这一个杀气叁千丈，那一个灵光透九重。这一个生成肉正道，那一个凡体受神封；这一个棍起生烈，那一个钻逞英雄。平地征云起，空中火凶；金棍光辉分上下，钻精通最有功。自来也有将军战，不似空中类转蓬。话说雷震子中途一战，只杀得辛环抵挡不住，抽身望岐山逃去！"

这段文字讲述了一场激战，扣人心弦，紧张非常。更有趣的是，里边塑造了两个"鸟人"形象——辛环和雷震子。他们都是生有一双翅膀，可以飞在空中作战的得道之人。诗赞辛环曰：二翅空中响，头戴虎头冠，面如红枣色，顶上宝光寒，锤钻安天下，獠牙嘴上安，一怒无庶挡，飞来势若鸢。

驰骋于广阔天空的"飞天梦"，早已深深嵌入中国人的文化骨髓。只是限于人类生产力发展水平和科学认知能力，在漫长的封建时代，"飞天"还只能是一个梦。

吃月饼，听嫦娥故事，看"鸟人"小说，是很多中国人的童年回忆。本书的主人公冯如，也有着一样的经历。也正是在这一过程中，在他稚嫩的心田埋下了一颗种子——嫦娥是怎样飞到月亮上的呢？要是我们能像辛环一样，拥有一双翅膀，是不是就可以飞到天上？

历史的巨轮滚滚向前，由于人类生产力的发展，科学技术取得长足进步，为这颗种子提供了成长的土壤。开始于 18 世纪 60 年代的工业革命，引起了从手工劳动向动力机器生产转变的重大飞跃，实现了从传统农业社会转向现代工业社会的重要变革。工业革命创造了巨大生产力，使社会面貌发生了翻天覆地的变化。时代的进步，让一个又一个梦想前所未有地接近现实。

历史选择了冯如，冯如开创了历史。

2

乡下恩平

1884 年 1 月 12 日，冯如出生于广东省恩平县（现恩平市）牛江镇杏圃村。

恩平县建制，汉朝时，邑地属高凉县。东汉建安二十五年（公元 220 年）开始称为"思平县"。三国时期到晋朝，归属海安县。南朝以后，到隋朝，改为齐安县。唐至德二年（公元 757 年）改成恩平县，五代因循沿袭。宋开宝九年（公元 976 年）并入阳江县，元代一直保留下来。

明成化二年（公元 1466 年）设置恩平堡（堡址设在今恩平县人民政府大院内），隶属阳江县。之后，当地各界军民纷纷提出建议，将新会、新兴、阳江三县附近的民众人口凑集起来，以恩平堡为基础，独立设县。随后不久，广东省按察副使陶鲁，经过勘察，认为恩平县地处阳江县水东都要险地，南通阳江，北通新兴，东接新会。三县往来，十分方便，同意改堡为县。于是，从阳江县划出附近水东、仕峒二都共四图；新兴县划出附近静德都八图、长居都七图；新会县划出附近德行都的松柏、山甲、见在三图，上恭甲一图。从这三个县共计划出五都二十三图，军民三千四百一十一户，男女一万二千六百六十五人，田地塘税二千一百六十顷五十四亩，秋粮一万二千八百一十一石，户口食盐钞三万零九百八十四贯。命令新兴县县丞何全、阳江县县丞陈永政，一起于成化十四年十二月二十九日来到提督兴工。成化十五年（公元 1479 年）开县治，恢复名称为恩平县，县治为恩平堡故址。清朝、中华民国时期，一直保留恩平县。

中华人民共和国成立后，1958 年 11 月 14 日，恩平、开平两县合并，县名改为开恩县，县治设于开平长沙。1961 年 3 月 26 日，才恢复开平、恩平两县建制，恩平县治还是在故址。1994 年，经国务院批准，撤销恩平县，设立恩平市。

恩平属于山地丘陵区，这地方七山一水二分田，十旱九不收，自古以来就是流放贬黜之人的南蛮荒凉之地。到冯如出生的 19 世纪，这里仍相当闭塞荒僻。自然环境的恶劣，未曾让恩平人民退缩，相反还锻造了恩平人吃苦耐劳的品性。同时，恩平人勤劳而不"死板"，他们重视教育，崇尚"读书改变命运"。

比较典型的就有歇马举人村。歇马村位于广东省恩平市圣堂镇，全村 100 多户人家，600 多人口，全是梁姓。自元朝至正年间立村至今，已有近 700 年的历史。在明清两代人才辈出。村里考取功名或有官职的有 670 多人，从九品至正二品的官员有 430 多人，其中获举人以上功名的有 285 人，当上二品官员的有 5 人。故此一直被人们尊称为"举人村"。在功名成就的背后，深藏着歇马村人独特的教育秘诀。"笔筒量米教子读书"是歇马的"特产"古训，世代相传，许多书院、私塾仍保留在寻常巷陌之中。过去村里设立公尝"学谷"，免费让子孙上学，激励读书成才。祖籍歇马村的梁汉一，就是抗日战争时期美国援华空军飞虎队的功臣；1972 年中美建交的"破冰之旅"，他担任美国空军一号机长，驾机载送尼克松总统首次访华；曾两次受毛主席接见。

冯如出生在恩平的一户农家，父亲冯业纶、母亲吴美英都是普通的农民，以种田为生。种田之余，冯业纶兼做贩卖稻谷、肉和中药材的小生意，虽然生活不是极端贫困，却也不宽裕。风调雨顺的年景还过得去，遇上灾害之年，他就要采掘一些黄狗头、箬竹米、蕉树头等充饥。由于长年操劳，冯业纶早早地落下了咳喘的痨病。

冯如出生那天正好是农历十五，是当地逢五开圩的圩日。为了多些收入，虽有不舍，但勤劳的冯业纶还是早早就用货担挑了些犁头草、破布叶、土茯苓之类的中药材到牛江圩上去售卖。傍晚散圩后，冯业纶快步赶到家时，妻子吴美英已经生下了儿子。

这不是冯业纶的第一个小孩，但当他抱起这个身量略显瘦小的儿子时，心中还是倍感喜悦。可正因为爱之深，喜悦过后又是一阵担忧。原来之前冯业纶有过四个儿子，但先后已夭亡了三个。

为镇惊辟邪以防不测，按照村里老人的说法，吴美英提前回到娘家，要来了孩子外婆的旧衣给新生儿作褪褓，冯业纶也早早地给小孩起了个贱名"珠九"。在方言里，"珠九"与猪狗音近，乡下人认为"名贱命大"，起个贱名，不怕鬼怪嫉妒，像猪狗牛羊等牲畜一样粗生粗养，好养活。

于是，"珠九"就成了冯如的小名。冯业纶紧紧抱着小儿子，一遍又一遍地轻唤着"小珠九"的名字，心里越发踏实了。小冯如带着父母的爱护和期望，茁壮成长起来。

3

初进恩举书馆

19 世纪末的中国注定是多事之秋。鸦片战争以来，列强用坚船利炮轰开了我国的国门，清朝政府的统治已是风雨飘摇。冯如降生这一年，就爆发了中法战争。这次战争由法国侵略中国和越南而引起。法国发动侵华战争后，各方面围绕和战问题的外交活动和秘密谈判几乎没有停止过。镇南关大捷本来使中国在军事和外交上都处于有利地位，但清政府在整个中法战争期间，即使在被迫宣战以后，也担心"兵连祸结"会激起"民变""兵变"，因此始终或明或暗、直接间接地向法国侵略者进行求和。中国在这次反侵略战争中，本有机会能取得最后胜利，但由于清朝统治者的懦弱、妥协，胜利的成果才被葬送，致使中国不败而败，法国不胜而胜。

清政府无能，老百姓的生活更是雪上加斤。还没来得及好好欢庆添丁的喜悦，很快冯业纶一家人就再度投入了为生活而打拼的艰辛中。冯业纶还是老样子，以种几块薄田养家糊口为主，农闲时就充当小贩，做些小本生意贴补家用。一家人，就这样平平凡凡地维持着生活。

穷人家的孩子早当家。由于家境贫寒，为了吃饱肚子，小冯如早早就学会了帮着家里干活，成了一个田里爬、满山跑的放牛娃。冯如年纪虽小，却是很懂事，能吃苦，做起这些农活来也得心应手。

倒是村里的邻居老少看着小冯如长得秀气，说话做事也是机灵聪明，觉得他在许多方面表现出和其他孩子不一样，对他很是疼爱，总说小冯如像一个斯文的读书人，将来能干一番大事业。

特别是村里教私塾的先生经常称赞小冯如天资聪颖，先生对冯业纶说，这小家伙整天就在田地里打滚，太可惜了，如果好好读书，肯定会有前程。

冯业纶原本只是希望小冯如能够健康成长，长大以后像他一样，踏踏实实种点田，也能做点小买卖，娶个媳妇生个娃，安安稳稳一辈子就行了。可整天听到老乡们的表扬，尤其是听了私塾先生掏心掏肺的分析，冯业纶终于下了决心，全家省吃俭用，送小冯如进了私塾。

就这样，6岁的冯如得以进入家乡的私塾读书，读了两年。接着，8岁的时候，就去了邻村莲塘的恩举书馆，又半工半读坚持了两年。从6岁到10岁，前前后后，冯如读了4年书。这4年的学生光阴，对小冯如来说是辛苦的，却又是幸福的。

恩举书馆属于私塾，在里边教书的老师叫冯树义。这位老先生是秀才出身，通晓经史子集、诗词歌赋，却仕途多舛，挣扎浮沉半辈子，也没混得个一官半职，自己觉得大势已去，于是再无意官场宦海。转而投身三尺讲台，希望以毕生所学，教出济世经邦之才，也不枉度此生了。

冯树义老先生非常儒雅整洁，鼻架眼镜，脑后吊一根花白长辫。这一天，小冯如正式进入恩举书馆读书。他翻过齐腰高的青石门槛，拜过至圣先师孔夫子的牌位，再向冯树义老先生叩了三个响头，就算完成了拜师礼。

恩举书馆里教的是《三字经》《论语》《孟子》等清代常用的启蒙课本，也教一些珠算、信札等日常生活中用到的知识技能。平时上课的时候，冯树义老先生左右摇晃着花白的头颅，手里把玩着一根通体油滑黑亮的戒尺，嘴里念着："人之初，性本善……"，学生们也跟着摇头晃脑，传承着千百年不变的秩序。

有一次，冯老先生照例在领着学生们读书。当他走过冯如的桌子边上时，顿住了。原来冯如把手放在抽斗里，不知在玩弄什么东西。只见冯老先生双眉紧皱，举起戒尺狠狠地砸向桌面，厉声喝道："把东西拿出来！"

上学之前，父母就多次嘱咐冯如，一定要听老师的话，不能惹老师生气。见到老师这阵势，朴实的冯如立马惊呆了。他有点颤抖着从抽斗里把手放出来，同时把桌子里的小玩意拿到桌面上。一部龙骨水车，还有一只纸帆船，呈现在老师面前。这个穷小孩哪有什么玩具，都是一些用竹片、硬纸做的小手工。虽然用料简单，但也惟妙惟肖、生动逼真，龙骨水斗可放可收，还能转动。

冯老先生原本高高举着的戒尺顿住了，心里既心疼又惊奇。他慢慢放下戒尺，对冯如说："你把刚才教的课文给我背一遍。"

"人之初，性本善，性相近，习相远……"冯如一边背，还一边学着老师晃动脑袋，竟一字不落地背下来了。

冯老先生深深呼了一口气，抓过冯如的小手，翻出手心，装模作样地轻打了一戒尺，然后背过身去，缓缓留下一句话，"以后坐到第一排来！"

这个好奇好动的小孩开始引起了老师的注意。经过一段时间的观察，冯老先生欣喜地发现，冯如确实天资聪颖，整天琢磨用一些纸片、碎布、竹枝、木片等生活常见的边角料做小器物，多次劝说也不听，但他的功课不单没有落下，还在班上名列前茅。老先生心想这小孩或许是可造之材，对冯如也多了几分偏爱，更加用心去栽培。

4
人能飞上天吗

平时放学以后，冯老先生总是自觉不自觉地把冯如叫到身边，有时说说学习上的问题，有时聊聊家常，不过多是冯老先生畅谈自身的经历、抱负。两人边走边谈，走到家里了还停不住，又坐下来聊上半天。过了一段时日，这一老一少不像寻常师生，倒像忘年之交了。

冯树义上课时严肃认真，但生活中不是古板乏味的人。他在课堂上正经讲授孔孟之道的典型封建课本，课余会给学生们讲讲《封神榜》《山海经》《三国演义》等名著里的精彩片段，喜欢给大家讲一些天马行空的故事。

冯老先生讲得津津有味，学生们听得如醉如痴。

"那雷震子是一员虎将，为武王伐纣立下了赫赫战功。他长相奇特，脸色是深青色，有一头鲜红的卷发，眼睛瞪得像铜铃一般，尖尖的牙齿露出嘴唇外，身高两丈。这种可怕的外表一眼看去就让人望而生畏。还有，那雷震子像鸟儿一样长着一对肉翅膀，这双巨翅展开后遮天蔽日，扇动起来呼呼生风，尘沙翻滚，气势非常惊人。还有那辛环。也是一员猛将，和雷震子一样，也生有一双翅膀。能飞天作战。两人在空中有过几次交手，每一次交手都打得暗无天日、乌云乱卷。两人在天空里飞来驰去，武器碰撞，发出的声音像滚滚雷声一样，吓得地面上的人瑟瑟发抖，甚至连观战的帝王也惊得从椅子上跌了下来。辛环和雷震子两人，武艺不相上下，难分胜负，结果武王的征伐军队就这样被延误在了征途。情急之下，二郎神杨戬的哮天犬跑了出来，一口咬住辛环的大腿，就这样，雷震子才得以一棒打在辛环的脑门上，把辛环击毙，从而结束了这场鏖战，武王的军队继续前进！"

其他同学听着都感到紧张、惊奇不已，而冯如在多年以后回忆起这段私塾岁月时，印象最深的不是《四书》《五经》，而是《封神榜》中辛环和雷震子的那段空中大战。

那风云激荡的奇观在小冯如的脑海里久久激荡，他羡慕书中长着翅膀、在空中飞行交战的辛环和雷震子。他想，如果自己的背上也能生出这样一双翅膀，那该多好啊！

听完这段故事，小冯如久久不愿离开，缠着冯老先生刨根问底，"老师，到底人能像鸟一样飞上天吗？"

"人没有翅膀，飞不起来。"冯老先生不急不慢，捋了一下胡须，摇头说道。

"那人能不能造一双翅膀飞上天呢？"

"这……"冯老先生不由得怔住了，双眼凝望远方。

沉思良久，冯老先生方才说道，"据我所知，古书中的确有记载，以前有人尝试过模仿鸟类飞上天——"

曾有记载在两千多年前的春秋战国时期，"公输子削竹木以为鹊，成而飞之，三日不下"。

同一时代的《庄子·逍遥游》有云："夫列子御风而行，泠然善也，旬有五日而后反。"《列子·黄帝》中写道："列子师老商氏，友伯高子，进二子之道，乘风而归。"里边提到的列御寇是郑国人，他曾经修得风仙之道，能够驾风而行,飘飘飞举,在天上遨游。

至于列子是不是真的能在天空上飞?古书中也有一些悲壮的例子。据《汉书·王莽传》记载,一个自称会飞的人"取大鸟翮为两翼,头与身皆著毛,通引环纽,飞数百步,堕"。汉代王莽时期,一个猎人有了一飞冲天的想法。于是,他用鸟的羽毛做了一对大翅膀,绑在身上,模仿鸟的飞翔。据说他从高处跳下,在天上滑翔了几百步就跌落在地上。

明朝也有人尝试飞天。元末明初的陶成道,以火器神技艺助朱元璋开天下,被封万户。晚年,陶成道把47个自制的火箭绑在椅子上,自己坐在上面,双手举着2只大风筝,然后叫人点火发射。设想利用火箭的推力,加上风筝的力量飞起。不幸火箭爆炸,万户也为此献出了生命。

这一天,师徒二人聊到很晚。冯老先生把所知所想一股脑抛出来,虽然还是没有得到一个真切的结论,但小冯如此时此刻更加觉得天空的辽阔,心底涌动起一丝古怪的念头,也许这就是人类原始的征服欲望。

严格说来,4年学习下来,冯如所接触的无非是《百家姓》《千字文》《三字经》等常见的蒙学著作,因此也还没有达到初小水平。但正是这段看上去显得粗糙的启蒙教育,培养了他学习的兴趣,点燃起梦想之光,对他今后的人生产生了巨大、深远的影响。

5
制作风筝

冯如的动手能力很强，常常利用闲暇时间做一些小制作，精巧而且富有想象力和创造性。他能用到的原材料不过是火柴盒、竹木片等寻常物品，也没有经过专门的物理、数学课训练，却能做出小火车、小轮船等机械模型，不禁让人啧啧称奇。

有一年天旱，家里的田地干旱龟裂。父亲冯业纶叫冯如去戽水灌溉稻田。他去到现场一看，自家的田里滴水全无，而隔邻的一块略高的田却灌满了水，还微微向外溢出。于是，他找来一根粗竹凿通竹节，用火烧软揉弯，学乡间酒坊运酒的方法，一头插入隔邻田的水中，口含另一头，用力一吸，把隔着小路、水位高的水源缓缓引进自家田地。水的流量虽然不大，但这里巧妙运用了物理学的虹吸原理，只是冯如自己并不知道。

又有一次，冯如领着村里的小伙伴玩打仗游戏。可这一仗并不是简单地挥挥拳头，或者甩一下树枝木剑，冯如连大炮都搬出来了。

原来这是在模仿莲岗堡当地人与客家人之间的械斗场面。距此二十多年前，陆续有客家人迁入莲岗堡。由于利益冲突，莲岗堡当地人与客家人多次发生争斗，甚至酿成长达十几年的仇杀。成百上千人在这场悲剧中丧生。一些俘虏还会被当作"猪仔"卖到海外，而一些年轻女性则被卖入火坑，沦为小妾甚至娼妓。

在长年的械斗中，客家人略占上风。为扭转败局，当地人合计购买了一门长3米、重3.6吨的大炮，由一百多名青壮年男子合力抬进了村子，把守门户。客家人听说以后，以为这是邪门歪道，赶紧制作了许多木牛竹马，想用来驱邪破阵。结果毫无悬念，双方一交战，竹木怎能敌得过铁器火药？客家人被炸得血肉横飞，十分悲惨。

冯如用细老竹仿做了一门大炮，填上大人们用于猎枪的火药轰放。炮身有1米长，涂上锅底灰，打磨得黑里透亮。还做了一些有四个轮子的木牛竹马，分给小伙伴们。一群小朋友追逐嬉笑、放炮呐喊，倒也热闹非常。

冯如最为擅长，也最潜心去制作的就是风筝。古代曾把风筝叫作"纸鹞"或"纸鸢"。"鹞"及"鸢"都是鹰类猛禽，因为风筝最早的造型是用绢或纸做成鹰，放飞时真的像一只雄鹰在空中翱翔呢！

相传，风筝是由春秋时期的墨子发明创造出来的，但是那时候还没有普及放风筝。

风筝的真正普及推广还在后头。南北朝时期，李邺在"纸鸢"头上装上"竹笛"发出"筝"一般的响声，"风筝"一词逐渐演变为纸鸢、纸鹞等风筝的统称。隋唐时期，造纸业发达，人们开始用纸糊风筝，使得风筝重量减轻，放风筝已成为一项老少咸宜的活动。到了宋代，清明时节放风筝已成为一种习俗。南宋文人周密在《武林旧事》中写道："清明时节，人们到郊外放风鸢，日暮方归。"

古时候，人们做的风筝多是燕子的形状。冯如却是脑洞大开，翻着花样做出各式各样的风筝。譬如，有时会在风筝尾端吊一块石头；有时会在上端装一只朗古叶做的风车；有时会在两端的翼尖安几只竹哨，飞到天空中就会发出哨鸣声，新奇又有趣。而且，他会把自己做的风筝分给小伙伴们一起玩，深得乡邻的喜爱。

在冯如做的众多风筝中，有一只带着水桶上天的大型风筝堪称轰动乡里，引为奇谈。那是一只有多根纵骨和斜骨的矩形大风筝，两翼下各吊着一个小木桶。由于制作时间长，风筝还没做好，全村的人就都知道了。人们不相信这风筝能飞，当看到冯如与小伙伴们架着做好的风筝往村口走时，心里都在发笑，又禁不住好奇，便跟在后头看热闹。

冯如和小伙伴们来到村子空地。他让一个孩子拿着风筝站好，自己牵着绳子退后几丈远，然后高喊一声："放！"在小伙伴松手的一刹那，冯如牵着绳子转身疾跑。风筝兜满风徐徐地上升，像大鸟带着小木桶飞上了天。风筝升了近百米高，引来一片欢呼声，乡邻都称赞这孩子聪明。

醉心手工制作的冯如，与那个奉四书五经为圣典的时代显得有点格格不入。常人总是视制作器物为不务正业，而冯如在学好功课之余，始终保持对机械制造的热爱，一颗冲上云霄的初心就在此间形成。

第二章

远赴金山

1

表舅来了

18 世纪末 19 世纪初，英国人瓦特改良蒸汽机之后，由一系列技术革命引起了从手工劳动向动力机器生产转变的重大飞跃。随后，向英国乃至整个欧洲大陆传播，19 世纪传至北美。西方通过工业革命逐渐变得强大，于是，便开始觊觎东方的财富。刚开始，那些列强只是抢夺中国的物资，但后来，他们发现这不是长久之计，于是，便开始抢占中国的土地。之后，利用当地的土地资源和廉价劳动力，进行商品输出和资本输出，企图将中国变成自己的殖民地。

1840 年，英法两国率先发动了战争，不仅让清政府大败而归，还签订了《南京条约》。

从 19 世纪六七十年代起，清朝统治集团中的洋务派掀起了一场以"自强""求富"为口号的洋务运动。洋务运动在科学技术（特别是军事技术）方面向欧美看齐，因此清朝一度出现"同治中兴"的景象。清朝于1888 年正式建立了北洋水师，成为亚洲强大的海军力量。

但清朝并未像日本那样变革国家制度，因此"中兴"并未能使中国走上富国强兵的道路。此时清朝政治十分腐败，人民生活困苦，官场中各派系明争暗斗、尔虞我诈，国防军事外强中干，纪律松弛。

1894 年爆发了甲午中日战争，清政府再次战败，又于 1895 年与日本签订《马关条约》。在这一系列的不平等条约背后，是清政府自主权的逐渐丧失，堂堂华夏即将沦为他国的殖民地。于是，帝国主义发现中国有利可图，纷纷开始对中国这块肥肉进行分割。那些列强如同豺狼一般，对中国疯狂侵略、占有。

早在19世纪中期，江门五邑地区人多地少，粮食短缺，生活艰难。当美国、加拿大、澳大利亚先后发现金矿和随后的铁路修建，急需大量劳动力的消息传来，使得五邑先侨们怀着一个美好的淘金梦远赴重洋。

为了实现淘金梦，很多农民家庭卖地卖房，或借债，冒险背井离乡。当时，这些招工公司的广告上写的待遇十分优厚，欺骗了很多五邑先民。他们被人贩子先拐骗到澳门的中转站，俗称"猪仔"馆。从澳门再被贩卖到东南亚和南美洲，命运悲惨。

漂洋过海对先侨们来说是件非常艰难冒险的过程，很多人因此丧生。因此，这条航线又被华工们称为"海上浮动的地狱"。按照当时的航程，顺利的话要三个月才能到达彼岸，要是遇上大风大浪，可能要待半年时间。

华工们一般乘坐的是三枝桅帆船，俗称"大眼鸡"，它寓意航行期间，船只一帆风顺，乘风破浪，排除万难成功到达彼岸。在近半年的时间，几百名华工拥挤在一个狭小的空间，而船舱环境相当恶劣，卫生条件差，大小便日常起居都要在这里解决，加上空气不流通，阳光照不进来，人很容易生病，除了忍受这些之外，还要遭受外国人的欺凌侮辱。1868年，中美两国政府签订《蒲安臣条约》，宣称"大清国与大美国切念人民前往各国或愿常住或随时往来，总听其自便，不得禁阻"，这也为中国劳工移民美国敞开了大门。从1872年的秘鲁《祖国报》上可以了解到，"由于通风不良，没有阳光，人们挤成混乱的一团，只有可怜的食物，被关在真正的猪圈里，种种因素下，他们死亡了"。时隔两年后事情并没有好转，1874年的调查报告是这样说的，"他们被关进竹笼或者铁种槛，被洋人任意挑选几个出来鞭打，不是病死、被打死，就是饿死，甚至有的选择了投海自尽"。由上述文字摘录可知，侨胞无论身体上和心理上均遭受到十分痛苦的折磨。他们排除万难，忍受了一段段地狱般的凄凉日子。

饱经苦难的华侨们终于踏上了侨居国的土地，但他们没有受到洋人的欢迎，也没有家人的迎接。疲惫不堪的他们直接被送到工作的地方，等待他们的并不是他们想象的轻松的工作、优厚的待遇，而是更为悲惨的艰苦的日子。

当时人们把美加两国统称为"金山"，到金矿淘金沙的华工也随之被称为"金山伯"，名字听起来特别阔气，可是实际上，华工们用来淘金沙的工具，一个小锅，一把刀具，十分简陋，环境恶劣，再加上洋人已先行在这里淘金，残羹剩饭，每天能淘到一两元的金沙，已经很幸运了。

冯如有个表舅，叫吴英兰，是伯母的弟弟，就是这样去了美国加利福尼亚的旧金山。

吴英兰算是其中的幸运儿。他先在旧金山那里当苦力，有了一点积蓄后，便摆摊做起小本生意，多年下来也攒了一点家底。

1895年，吴英兰回到了恩平老家。因为，他还有寡居的老母亲和妻子在乡下。只身在外，且婚后多年未有子嗣，成了他心头挥之不去的痛。一来交不起高昂的人头税，二来老母亲需要有人照料，吴英兰无法把妻子接到美国，只能忍受分别之苦。

原来进入19世纪70年代，美国经济萧条，自由开放的劳动市场转向保守。1882年美国国会通过了《排华法案》，禁止华工入境，不准侨胞加入美国国籍，这项政策延续长达 61 年，蔓延到加拿大、澳大利亚和欧洲多个国家。加拿大还推出了十分苛刻的人头税，每个华人要交 500 元加币，当时是一个很大的数字，华工要卖田借地才能筹到，就算到了加拿大也要十年八年才能还清这笔债。

吴英兰这次回家过春节，也有大半年时间了，可仍不见妻子的肚皮有什么动静，便更加灰心了。当时，在美国的华人如果没有子女，则会找一个亲戚的孩子带在身边，有个伴儿，也有个盼头，慢慢成为一个习俗。

于是，他开始琢磨，打算物色一个乖巧聪颖的孩子带到美国去。这天，他又来到了冯如家里。

吴英兰见过冯如几次，只觉得这个小孩长得秀气，人也机灵，特别讨人喜欢。冯如也很喜欢听表舅讲美国的新鲜事情，尤其是表舅带回来的小玩意，会让冯如好奇、兴奋地鼓弄上好几天。

"弟弟，弟弟！"冯如正在田里忙着干农活，哥哥冯树声一边从田边走过来，一边大声呼唤着。

听到哥哥的声音，冯如停下手中的活，擦了擦头上的汗珠，应道："哥，怎么啦？"这时的冯如还不到十二岁，身子骨略显单薄，可在田里干活一点也不含糊，自有一把骨子里的劲儿。

"爹娘喊你回家吃饭了，伯母家的舅舅来了。"冯树声比冯如长两岁，身子也比冯如结实，却少了一些秀气。他站在冯如跟前，小喘着气。

"好，我马上收拾一下。"说着，兄弟俩一起把农具收起来，说说笑笑地往家里跑。

2

说服父母

"表舅好！"一推开门，冯如便看见吴英兰坐在家中，他赶紧向表舅鞠躬问好。可是，他立马又感受到家里气氛的异样。仿佛大家的目光都集中在他身上，爹、娘、表舅都没有说话，可是好像他们都有话要说。

"阿如乖，过来吧！"听到冯如跟自己打招呼，吴英兰终于还是挤出笑容，向冯如招一招手，让他来到自己跟前。他拍拍冯如的小脑袋，突然打心底涌出一股欢喜之情，目光也柔和多了。他掏出两颗用褐色玻璃纸包着的糖球，塞到冯如手里。

冯如接过糖，吞了一下口水，然后慢慢把糖放到口袋里，抬起头，一双水汪汪的眼睛看着表舅，高兴地说了声："谢谢！"

"好吧，先吃饭，别等凉了。"一旁，冯如的母亲强笑着说，可她好像故意偏着脸，不想看到冯如跟吴英兰一起的场面。

有白米饭！冯如眼里冒光了。原来赶上这个旱年，家里好些日子没吃上白米饭了。今天不知怎么弄来了米，煮了一顿白米饭，还有一碟咸鱼干、一碟芥菜腌制的酸菜。兄弟俩自是高兴得不得了，飞快地吃完一碗饭。表舅则是含笑看着他俩，自顾慢慢吃。冯如的父母时而对视，时而看着冯如，时而叹口气，随便扒了几口饭。自始至终，谁都没多说几句话。

冯如两兄弟吃过饭，就跑到屋外玩去了。因为，这杉木瓦面的房子，内有三间，共通一个极窄的天井，屋里堆了一些农具、货担等，也没多少地方。见孩子吃完了饭，吴英兰也放下了碗。他对冯如的父母说："天也不早了，我先回去，你们再掂量掂量。"

门口的冯如兄弟俩见表舅要走了，也懂事地围过来，跟表舅说再见。吴英兰笑着点头，逐一拍了拍两兄弟，没走几步又回头看看，像有点不舍似的走远了。

这头冯如的母亲一边洗刷着碗筷，一边抽泣着。冯如父母又开始谈论起一件事，直到深夜躺下后还没定论。原来是表舅提出，要带冯如去美国。母亲千万个不愿意，他父亲也拿不定主意。

"阿如还小，身板又单薄，要去也得再等两年身子骨长硬实了再去。"母亲心疼地说道。

"可这年头，在家过日子也没个盼头，让他出去闯闯，兴许混出一条活路。"父亲抽着烟，眼望前方，缓缓地说道。

"听人家说，到了老外的地方都是做苦力，地头上流氓恶棍当道，阿如又不安分，生性倔强，怕免不了吃亏。"母亲继续念叨着。

父亲皱了皱眉，说："这也不是咱村第一个出去的，何况还有英兰带着不是吗？"

"他舅要是带树声走倒也好，这仔结实。带阿如走总叫人放心不下。"

"可人家看不中。"父亲对着母亲苦笑着说。

冯如和哥哥睡在另一间较小的偏房。自晚饭后听到父母的谈论，冯如心里激动不已。原来牛江去美国当劳工的不少，杏圃村就有好几户。他们每次回乡省亲，总会带上一些像留声机之类的稀罕物，更带回了诸如坐火车、电车到处去，工厂里用机器干活等新奇见闻。冯如早就对外面的世界充满好奇。他心想，村东头的黑牛出洋的时候还不及我大呢！

冯如父母谈了大半夜，迷迷糊糊地睡过去了，也还没有个准儿。冯如也是激动得一宿没睡好，他心里早已跨过重洋，飞向那个充满未知、新奇有趣的国度了。

第二天早上，太阳才出来，冯如就起了个大早。他掏出昨晚表舅给的糖球，剥开一颗塞到哥哥嘴里，自己吃了一颗。甜甜的滋味让他憧憬着前方的美好。

冯如径直出了家门，独自跑到二十里外的表舅家里。一见到表舅，他就迫不及待地说出自己愿意跟表舅一起去美国的想法。吴英兰一听，自是满心欢喜，他也觉得自己没选错人。可是，冯如又说，自己父母还是有些不乐意。这让憨厚的吴英兰也犯愁了。

可冯如并不放弃，他想到了还有一个人可以帮到他，那就是冯树义老先生。说走就走，冯如拉着表舅一起去找冯老先生。

虽然有一年多没在冯老先生这里上学了，但冯如平时有空就爱来找冯老先生，一老一少谈天说地，漫无边际，不亦乐乎。今天一见面，他俩就抱在一起，倒把吴英兰晾在一边，傻傻地笑着。

"老师，这是我表舅。"好一会儿，冯如才想起正事，忙向冯老先生介绍道。

"老先生好！"一旁的吴英兰马上恭敬地向冯老先生问好。

冯老先生连忙笑着点点头。

接着，冯如就把表舅要带自己去美国的想法，以及父母的态度告诉冯老先生，说着说着自己都激动起来了。

"这是一个好机会啊！"听冯如讲完，冯老先生一拍手，立马打定主意。正如冯如所想，老先生一定会坚定地支持他。"走，我们现在就去跟你爹娘好好说说。这关乎你的前途，马虎不得，犹豫不得啊！"冯老先生也是激动地手都有点抖了，他拉着冯如的手就往外走。师徒俩"噔噔噔"就走在前面了，吴英兰愣了一下，笑着赶紧跟上去。

"阿纶，阿纶，你可别犯傻啊！这是关乎孩子前途命运的大事啊！"冯树义老先生老远看到冯如他爹冯业纶，就激动地大叫起来。

冯业纶也吓了一跳，忙停下手里的活，站起身迎接冯老先生，"先生，您怎么过来了？快到屋里坐！"

"阿纶啊，这是大好的机会。阿如是个聪明的孩子，出去一定有出息，甚至可能以后对国家都有贡献，你千万不能拦他啊！"冯老先生一把抓住冯业纶的手，边走边说道。

进到屋里，吴美英也赶紧擦了手，给大家倒水、搬凳。等大家坐下来以后，冯老先生开始说起了国家、社会大势。他给大家讲维新变法，讲机器生产……他已经深深地感受到国家的衰落，不睁开眼睛看世界，不变革，不追赶先进，只有死路一条。与其守着家里的几分薄田，不如出去闯一闯。以冯如的天资，定能闯出一条新路，改变家庭的状况。说不准，以后冯如习得西方的先进技术、先进思想，有朝一日可以回馈乡里，造福祖国。说着说着，冯老先生似乎就在这个少年的身上看到了国家的希望，渐渐手都颤抖了，眼睛也模糊了。

冯如的父亲本来就是犹豫，听了冯树义老先生的话，也就下了决心，由衷地点了点头。

一旁的吴美英还是舍不得，眼泪又止不住流了下来。

"阿姐，我在美国都好些年了，不算大富大贵，却也能有吃有住。美国虽不是遍地黄金，可我们华人踏实肯干，硬是闯出来一条活路。我看阿如是个灵醒乖巧的孩子，他跟我在一起，起码有口饭吃，有地方落脚。他若勤快点，找份工，有了收入还能帮补家里。工作之余，若想读书，我也会想办法让他勤工俭学。您就放心，让阿如跟着我去吧。只要我有一口饭吃，总不会让阿如饿着！"吴英兰见冯业纶已经松口，马上抓紧时机表态。

"娘！让我出去试一试吧，我能照顾自己的。不是还有舅舅盯着吗？我答应您，绝对不会惹是生非。我就好好做工，嗯，还要好好读书，将来出人头地，多寄点钱回家。"冯如也拉着母亲的衣角，坚定地说道。

吴美英看了看冯如，又看了看丈夫，再环顾屋内，艰难地点了点头，就又扭过头去抽泣着。

看见母亲终于点头了，冯如激动得跳起来。他转过身，抱着冯树义老先生，大笑起来。老先生也长长舒了一口气，轻拍着冯如的小肩膀。

突然，冯如松开手，走到大厅中间，对着父亲，大声念道："大丈夫以四海为家，安能郁郁久居于此？株守乡隅，非儿所愿也。儿行矣，毋以儿为念。"说罢，他又向父母深深作揖。

3
坐上邮轮

　　拿定主意以后，冯如一家就开始做着出洋的准备。其实，说是准备，也没什么可准备的，无非是备上几件衣服，更多的是心情的准备。在乡下逗留了大半年的吴英兰计划年底出发。

　　行程定下来后，每一天似乎就进入了倒数阶段。冯如虽然嘴上说很想快点出去，但真正要面对离家的日子，心里还是难免牵挂，特别到了晚上，总是想起日常的杂事，想起跟父母哥哥在一起的片段，想起村里的小玩伴，想起……

　　出发的日子终于到了。前一天晚上，冯如一家谁都没睡好。母亲一大早起来，给观音菩萨、祖先灵位烧香，求神灵保佑冯如他们一路平安。然后全家人送冯如到码头，跟吴英兰会合。

　　"爹、娘、哥，再见！"临行时，冯如有很多话想说，却又说不出来，只能简单告别。

　　"阿哥、阿姐，别担心，我会照顾好阿如的。你们回去吧。"吴英兰拉起冯如的手说。

　　"好，一路顺利，到了那边尽早给个信！"他父亲挥一挥手，含泪说道。

　　冯如的母亲强忍着泪水，早已说不出话来。

　　吴英兰拉着冯如登上木帆船。他们沿着锦江河到开平三埠，然后转船到香港。河面越来越宽，冯如贪婪地看着两边的风景，一切都是那么新鲜，有时又不免回头看一看，感觉家离自己越来越远了。

在香港，他们坐上了一艘蒸汽邮轮，开始横渡大洋。这时的邮轮比早前的"大眼鸡"帆船要先进多了。邮轮上有厕所、餐厅、酒吧甚至舞厅，但这些跟冯如他们这些华人乘客无关。他们还是挤在甲板下的底舱，比早期的"猪仔华工"好不了多少。

底舱里密密麻麻都是人，吴英兰带着冯如挤在其中。他们紧挨着打个地铺，周围弥漫着汗臭味、脚丫味、烟草味、呕吐物和屎尿味。一遇到风浪，船摇摆颠簸得厉害，人也跟着摇摆，只觉得五内翻腾，连酸水都吐得干干净净。如此几天，就已经是筋疲力尽，无精打采。而他们要在这里待上一个多月。

可是，最让冯如难受的，还不是肉体的折磨，而是他的所见所闻。本来只要走到甲板上就可以呼吸新鲜空气，但那些白人海员对底舱的乘客诸多限制，包括限制人数、时间到甲板上，怕这些"丑陋肮脏"的华人大煞风景，影响到上层的白人乘客和有钱人的心情。这些白人海员对白人乘客和有钱人总是奴颜媚色、恭恭敬敬，像生怕得罪上帝一样。而对底舱的华人却是高高在上、吆三喝四的，有时几天都没有提供一口热水。但这些华人也只能逆来顺受，吴英兰几次见到白人海员都是低眉顺眼的。

这让冯如感到不可思议，极度压抑愤懑。凭什么白人就可以在咱们华人头顶上作威作福，为什么华人就要受这样的气？我们不就是穷一点吗，这就要被人看不起吗？冯如恨不得冲上去揍那些白人海员，可转念一想，那又有什么用，况且他答应过父母，不惹是生非。烦闷、抑郁、愤恨，他只能对着大海放声大吼，暂时疏解心中复杂的情绪。

经过一个多月的行程，从茫茫大海，到逐渐清晰地看到海岸线，邮轮终于到达本次航行的终点站——美国西海岸的旧金山。

"到了到了，阿如，我们到美国了。"没有特别的兴奋，吴英兰摇了摇身边的冯如，平淡地说道。

"哦！"冯如直了直身子，笑着应了一声。

一个多月的颠簸，早已经使他们瘦了一圈，面容憔悴，没什么可高兴的了。对吴英兰来说，这又是日复一日、离乡背井的苦闷生活的开始。

4
初到唐人街

船靠岸了。冯如跟着表舅，两人一起扛着行李，随着人流走上码头。终于脚踏实地了，冯如大口大口地呼吸着新鲜空气，抑郁的心情也变得轻松了。他开始打量着周围的新环境。

突然，几个高大粗鲁的白人朝他们围了过来。为首一个红脸大汉，冲吴英兰打了个招呼，不由分说地转身走向一辆马车跳上去。吴英兰扭过头，向冯如使了个眼色，让冯如跟好，自己快步走上去，先把行李放到车座上。

冯如心里嘀咕，表舅怎么还有白人朋友，还专程来接船？可气氛好像又有点不对。这白人朋友也长得太凶了点吧，只见他嘴里叼一根雪茄，眉骨高耸，眼露凶光，好像随时要揍人的感觉。而且，表舅跟他也没几句话。虽然是这么想，但冯如还是乖乖跟着表舅，放好行李，一起坐上马车，向着唐人街走去。

一路上坡下坡，有点颠簸，但比起之前坐船来说，还是舒服多了。更吸引冯如的是路上的风景、熙熙攘攘的行人。街道两旁的建筑物挂满了五颜六色的招牌、广告，有咖啡馆，有商店，也有剧院、歌舞厅；街上走的有白人、黑人，也有黄种人，他们有的穿着高贵，有的装扮成小丑、巫婆，有的就在路边唱歌、弹吉他，也有醉汉和乞丐。这一幕幕都让冯如目不暇接。而一个个在路上走着的大木箱，里边站满了人，不用牛马拉，自己就会往前跑，更是让冯如的小嘴巴张成了"O"型。

"哎呀！"正沉醉于街道景色的冯如，冷不防被人一扯脑门上的辫子，差点没掉下车。原来，车子已经来到了格兰特街南端的唐人街口，那红脸大汉催着他们下车了。

吴英兰立马跳下车，麻利地卸下行李，笑着向那红脸大汉躬身致谢，还双手捧着钱递过去。拿过钱，那大汉才算舒缓了脸。只见他一手捏着钱，一手拍了拍吴英兰的肩膀，嘴角笑了笑，满意地转身驾马车走了。

冯如站在吴英兰旁边，呆呆地看着。等马车走远了，吴英兰才直起身，扭过头看着冯如，叹了口气，说："我认得他，但不是专程来接我们的。他是这里的地痞流氓，专门在码头收'护送费'，不让接也得接。这帮人就是吃这个饭的。今天我们的运气还不错，有的人还要挨揍。这世道就是这样，谁让我们漂泊在外呢。"说完，吴英兰就忙着搬行李了。

冯如嘟嘟嘴，没说什么，但心里非常不舒服。看着表舅在忙，他也赶紧搬东西去了。

唐人街的入口处有一座深绿色中式牌楼，两边立着一对石狮子。冯如跟着表舅，一前一后走入唐人街。路不宽，两边都有店面，大大的汉字招牌，路上走的也大多是黄皮肤、黑头发的"唐人"，让人感觉似乎一下子回到了国内。有中餐馆、洗衣店、古玩店、凉茶店、杂货店、理发店，等等，尤其是洗衣店比较多。只是招牌上的英文字母时刻提醒着人们，这里是美国。

穿过闹市拐过两个弯就到了表舅家里。由于将近一年没人在家了，打开门就有一股霉味扑鼻而来。说是家，其实也就是一个房间，房内都是日常用具，没有多余的摆设，房中央放一只条木箱，面上铺一层防雨布，当作饭桌用。

这一天晚上，冯如和表舅都太累了，放下行李，洗漱一下就睡过去了。毕竟有一个多月没有睡个安稳觉了。

第二天早上，冯如刚起来，就看到表舅已经在整理行李了。他也赶紧过去帮忙。"不急，先洗个脸，吃点早餐吧。"吴英兰看见冯如起来了，放下手上的东西，笑着对冯如说。

在家里忙活了半天，狭小的房间又焕发光亮，因为冯如的到来，家里更添欢声笑语，也更像一个家。

接近傍晚，吴英兰选了一些从恩平带出来的腊肉、腊肠、鱼仔干，跟冯如说要上餐馆吃饭。这可把冯如乐坏了。他蹦蹦跳跳地跟在吴英兰旁边，还主动帮表舅提东西，两人一起来到第九街的一间中餐馆。

原来这家餐馆的司里张南，是吴英兰的远房亲戚，听说吴英兰和冯如昨天从老家回来，特意在餐馆里摆一桌酒菜给他俩接风洗尘。

"阿南，你好！我们回来了，这是阿如。"一走进餐馆，吴英兰就看到张南，他把冯如拉到跟前，高兴地向张南打招呼。

"好，好！平安回来就好！"张南立马放下手头的功夫，激动地迎上来。他拥抱一下吴英兰，又紧紧握住吴英兰的手，有点颤抖地问道："家，家里还好吧……"

"好，一切都好！哦，这是你的家书。"吴英兰笑了笑，用一只手从贴身的口袋里摸出一封信，递给张南。

张南松开吴英兰的手，接过信却不急着看。他把信塞进内衣的口袋里，才低下头看着站在自己面前的冯如。他拍拍冯如的小脑袋，笑着说："哦，这小孩长得很英气！来来来，坐这边吃饭。别老站着，咱边吃边聊。"

　　"叔叔好！"冯如也不怕生，开开心心地拉着张南的手往店内的一个角落走过去。这里摆着一张小圆桌，早已坐着两个人。他们都戴着家乡的抓帽，拖着小辫子，一个留着小胡子，一个身形微胖。

　　"英兰，来这边坐吧。"这时，两人也站起来，招呼吴英兰入席。

　　"好好。阿如，这是黄杞叔叔，这是谭耀能叔叔，他们都很能干，以后多跟他们学着点啊！"吴英兰逐一给冯如介绍。原来留着小胡子的是黄杞，在一家工厂里当机器维修工程师；身形微胖的是谭耀能，开洗衣店。

　　"叔叔好！"冯如见到这几位叔叔，马上感到很亲切，仿佛回到了恩平老家村子里，因而笑得特别开心。

　　"坐吧！""好！""来来！"……一番推让后，大家陆续坐好，酒菜也上来了。

　　"最近家里有什么新鲜事？"大家喝了一杯酒，纷纷催着吴英兰给说说乡下的事情。乘着酒兴，吴英兰兴高采烈地说起恩平老家的事情。一旁的冯如好像从来没见过表舅那么能说，那么高兴，也听得津津有味。

　　"哐当！"正聊得起劲，餐馆门被粗暴地推开。大家循声望去，只见几个牛仔打扮的白人闯了进来，在店中间的位置坐下，还大声叫嚷着。

　　"你们先聊着，我过去看看。"张南皱了皱眉，深深呼了一口气，让大家坐好，自己向那几个白人走过去。

　　这时，冯如认出其中一个是昨天给他们"接船"的红脸大汉。他又瞄了一眼表舅。只见吴英兰并没有理会那个"熟人"，自顾低着头喝酒，嘴里念叨着："烂仔！流氓！"

　　"就是，这帮烂仔整天到处惹事。到饭馆吃霸王餐，酗酒赖账，有时还砸东西。"黄杞忿忿地说，"还有什么拿破衣服到洗衣店去敲诈，都是小儿科。听说前些天，他们就蒙面绑了一个华商的儿子。就当咱华人好欺负！"

"这些人就是黑帮，看那红脸大汉，外号叫'红脸虎'。据说他出手快狠，能一下活捉老鼠，还一口把它咬成两半。唉，我们惹不起啊！"谭耀能拉了拉冯如的衣角，另一只手指着那个昨天赶马车的白人，摇头说道。

"你们听说中日签订《马关条约》的消息了吗？又是割地又是赔款。这大清国怕是快到头了，可怜我们这些漂泊在外的人，更加没个依靠……"黄杞说着，又喝了两口酒。

"就是就是，现在我们华人在这里的日子更加难过了，到哪儿都低人一等。你说，洗好的衣服不让用扁担挑着篮子去送，非要用轻便马车送，没有马车的要强征一笔执照费，这不是明摆着讹钱吗？"谭耀能也激动地说起来。

吴英兰看着他们越来越激动，倒是不停摇手，示意他们小点声。

不久，张南回来了，见大家没什么好心情了，就说："我们看看怎么找个工作给阿如，帮他安顿下来吧。现在工作不好找，阿如又还小，要是没别的门路，就先在我这儿干着吧。"

"嗯，你这里也不缺人。我看这样吧，我有一个朋友与人合伙开个咖啡店，先让阿如去试试，再从长计议。可以找找四邑会馆和洪门那边的朋友，打听打听。"黄杞一下收起了悲愤的情绪，冷静谋划起来。

听了黄杞的话，大家连连点头。他交际面广，人又仗义热情，吴英兰赶紧起身作揖道谢，冯如也跟着作揖。

随后，大家又喝了几杯，带着几分倦意，各自回家去了。

5
街头谋生

这天夜里，冯如辗转难眠。在他的印象中，"金山客"回乡是风光荣耀的。可就是这一两天所见，"金山客"的辛酸又有谁知道。没有父母妻儿在旁，孤独苦闷，还要受人白眼，任人凌辱，这是何天道？为什么黄种人就要受这种罪？我们踏踏实实干活，就为了糊口，这又得罪谁了？什么时候，我们可以不用漂洋过海，就在自己家乡好好过日子？……

在表舅均匀的鼾声中，冯如放飞思绪，仿佛又回到了熟悉的家乡，又见到父母、哥哥，还有……就这样，冯如在甜美的梦乡中度过了一夜。可一到了白天又感到无聊，甚至压抑。

过了几天，黄杞终于有消息了。他让吴英兰带上冯如，一起来到市场街的橡树咖啡馆。咖啡馆里烟雾腾腾，灯光昏黄，透着几分优雅、浪漫的气息。但是，这跟华工们没有一点关系。他们只负责一些粗重活，根本没有时间、闲情去享受这般浪漫。冯如由于个儿小，被安排在门口当门童。

冯如非常珍惜这个工作机会，一个上午都没有坐过，非常勤奋，对每一个客人都是热情有礼。谁知刚到中午时分，不知从哪里窜出几个地痞，围住冯如，一把抓掉他头上的帽，扯出盘在他头上的辫子，你拽一下，我拉一下，嘴里哔哩吧啦地叫嚷着、大笑着。冯如虽然听不懂他们的话，但大概猜到都是不好听的话，甚至是侮辱人的话，他感觉自己就像集市里被耍的猴子。

晚上回到家里，吴英兰一见冯如脸都肿了，鼻子、嘴角都有血迹，辫子也散了，非常心疼。他赶紧用热毛巾给冯如消肿。

"阿如，明天就别去了。咱们再想别的门路啊。"吴英兰一边给冯如热敷，一边摇头道。

可冯如始终咬着牙，不说一句话。第二天起来，他还是倔强地往咖啡馆去，表舅拦也拦不住。

吴英兰放心不下，也顾不上摆摊，尾随着冯如来到咖啡馆。吴英兰绕到后门，托人找到黄杞的朋友，把前一天的情况跟那朋友说了，请他照顾一下冯如，实在不行找个什么理由把冯如辞了也行。看着那朋友答应下来，吴英兰又到前面偷瞄了几眼冯如，才往回走。

果然，不到中午时分，那帮地痞又游荡过来了。他们远远地看到冯如，又指指点点，叽里呱啦地笑起来。冯如涨红了脸，仍然站在原地，怒视着他们。

咖啡馆里的那位叔叔今天一直留意着冯如，刚看到那帮地痞，就赶紧把冯如拉到馆里，对冯如说："跟这些地痞流氓怄气没意义，不值得。先回家里休息休息，养好身子。你年纪还小，以后还有很多作为。"说罢，他还往冯如手里塞了两元钱。

就这样，冯如的第一份工作算是黄了。可是，他也闲不下来，第二天就要跟着表舅去摆摊卖杂货。但这个摊档毕竟也是小生意，虽说冯如可以帮轻一下表舅，可终究也不需要两个人来经营。

过了几天，冯如见到路上有些小孩，年纪跟他差不多，背个小木箱去帮人擦皮鞋。他立马决定要去擦皮鞋。表舅觉得冯如这么肯干，也鼓励他，给他弄了一套工具。于是，冯如自己做了一个工具箱，背上一套工具就去开档了。

这擦皮鞋也不是蛮干的，冯如发现在唐人街里擦，由于华人穿皮鞋的少，生意有限，只好走出唐人街。刚开始几天，冯如手脚勤快，嘴巴会说话，生意还不错。但好景不长，这天冯如刚给一位客人擦完皮鞋，背起工具箱，正要往前走。突然，背后有什么力量一把拽过冯如的工具箱。他扭头看时，工具箱已被砸到地上，刷子、抹布等散落一地。冯如这才看清后面站着的是那个红脸大汉。

只见红脸大汉还不罢休，举起手就要打人。此时，一旁蹿出一个跟冯如差不多大的孩子，他一把拉过还在发愣的冯如，混到人群中，又趁乱钻进小巷。两个孩子飞跑地穿过几条巷子，才敢停下来，回头看没人追来，终于瘫坐在地上，气喘吁吁。

"我叫朱竹泉，你叫什么名字啊？来这里多久了？"那个拉冯如的孩子先自我介绍说。

"我叫冯如，刚出来不到一个月。哦，谢谢你。"冯如慢慢缓过来了。

"我也出来不久。我的乡下在新宁，你呢？"

"我是恩平的。"

"那很近呢，我们都是四邑人！对了，你到这儿来擦皮鞋，不知道这里的规矩吗？"

"这擦皮鞋还有什么规矩？"冯如摸了摸头，疑惑地望着朱竹泉。

"唉，怪不得呢。"朱竹泉叹了一口气，接着说："这里的街头小贩、赌场、妓院，甚至是流氓小偷都归黑社会管。他们定时收保护费，不交钱就要砸场子，甚至打人。这条街就是刚才那红脸大汉管的。他心狠手辣，你以后还是躲着点吧。"

"这是什么道理？难道没有官府管，没有王法啦？"冯如听完，气不打一处来。

"哈哈，我们华人在人家的地头，说什么王法呢！"朱竹泉只觉得冯如很天真，苦笑起来。

两个小伙伴又闲聊了一阵，才各自回家去。傍晚时分，表舅回到家里，见冯如灰溜溜地坐在角落里，工具箱也不见了，猜到他肯定又碰钉子了。

"阿如，今天怎么啦？身子还好吧？"吴英兰关切地问道。

"没事，只是工具丢了，恐怕开不成档了。"冯如又是生气，又有些歉意。他又把遇到红脸大汉的事情跟表舅说了一遍。

"行，咱再等一段时间吧。"吴英兰安抚着冯如。

他们没钱交什么保护费，冯如也咽不下这气。于是，冯如就待在家里。他还是没有闲着，干脆做起了风筝、陀螺等小玩意，也可以放在表舅的摊档里卖。但毕竟是手工活，冯如做得又特别精细，所以产量不高，赚不了多少钱，倒是让冯如过了一把手瘾，心情也舒畅了许多。

6
半工半读

过了农历新年，总算迎来好开头。黄杞叔叔带来了好消息，说给冯如找到了差事。原来他通过洪门致公堂的关系，把冯如介绍到耶稣教纲纪慎会去。

耶稣教（即新教）纲纪慎会是个宗教机构，是英文 Congrega-tionalism 的音译，也即后来所称的公理会。这个组织在当地华人社会中也具有较广的影响，教会的一些福利设施和政策对从中国来的穷苦农民很有吸引力。

这天，冯如按照约定的时间，早早来到耶稣教纲纪慎会。管事见冯如长得瘦小，但机灵有礼貌，挺讨人喜爱的，就让他留下来了。白天，冯如负责搞卫生、搬东西，以及端茶递水等杂务，并随时听从差遣，当个跑腿，晚上陪着一个老头儿看管门户。

在这里工作，虽然琐碎艰苦，但毕竟是有收入了。而且，教会里进进出出的人都比较文明有礼，没有谁故意刁难捉弄谁，这大大舒缓了冯如的压抑感，逐渐又恢复了往日的活泼烂漫。他做事踏实，而且能修理一下桌椅门窗，慢慢赢得了管事的信任和好评。

但过了一段时间，冯如又发现新的问题了。他在人群中仿佛就是个聋的、哑的，因为大家说的话，他听不懂；他也没办法跟其他人正常沟通。每次说个什么事情，他都只能连猜带蒙，比画半天才行。这样下去，总不是办法。于是，他又愁眉不展。

有一位常来教会的年轻女子，她很善良，对白人、黑人和黄种人都很友爱，大家叫她苔丝小姐。她每次见到冯如都会跟他打招呼。这一次，她见冯如闷闷不乐，于是就多聊了几句。后来，她问冯如要不要学英语。冯如一听，高兴得跳起来，连忙鞠躬作揖表示感谢。苔丝小姐见冯如这么开心，也舒心一笑。

原来苔丝小姐是一名夜校教师。这所夜校是耶稣教纲纪慎会的附属机构，专门为不懂英语的白人、黑人和黄种人等移民开设。冯如非常珍惜这来之不易的学习机会。他每次上课都特别准时，听课认真，课后积极练习，甚至白天工作的时候，还会用英语跟来教会的人打招呼，争取练习口语的机会。

苔丝小姐见冯如这么好学，进步也非常明显，就专门抽空给冯如纠正发音，还给他讲高一级的课本，帮助他解答难题，逐渐使用英语对话。在苔丝小姐的耐心教导下，冯如的英语水平提高很快。

在同一个班上，有不同肤色、年龄的人。大部分同学还算友善，虽然不算熟络，但见面也会打个招呼，不带什么恶意。除了一个长着浓密络腮胡子的白人，总喜欢扯冯如的辫子，还常常带着一脸鄙夷。

这天刚下课，大家依次走出教室，"络腮胡"又从后面扯住冯如的辫子，边走边玩，仿佛拽着一只小猫小狗似的，还跟他的同伴说说笑笑。冯如痛得蜷着腿叫嚷着："快停下来！"但络腮胡还是自顾说笑，径直往前走。

冯如没办法，对着"络腮胡"的脚背狠狠地踩了一脚。"哎哟！""络腮胡"这才算停住了脚，然后破口大骂。骂了几句还不解气，他走上前来扯冯如的衣领，把他推倒在地上。冯如倔强地站起来，擦了擦鼻孔边的血迹，瞠目怒视着"络腮胡"。"络腮胡"又上来拽冯如的辫子。

正在两人推拉的时候，一个粗壮结实的男生站出来了。他叫陈石锁，一个十八九岁的华人，看个子比"络腮胡"矮近一个头，但方头方脑，站着就像一座小山墩。"住手！"陈石锁大喝一声。

"络腮胡"正玩得兴起，见又有一个华人冒出来，而且比自己矮，以为好欺负，就先放下冯如，朝陈石锁走过去。

陈石锁见"络腮胡"走来，不躲也不闪，冷冷地盯着。"络腮胡"一出手就要去扯陈石锁的辫子。想不到陈石锁轻易躲过。"络腮胡"扑了几次，还是没抓住，倒是自己被陈石锁耍得团团转。这时，他恼羞成怒，举起拳头，想直接打到陈石锁的头上。只见陈石锁稍一侧身，另一只手握拳打在"络腮胡"的下巴。"络腮胡"直接被打蹲在地上了。

陈石锁抱一抱拳："得罪了！"拉起冯如就走了。"络腮胡"的脸一阵红一阵白，想去追，又觉得打不过陈石锁，不追，又没面子，气不过便猛捶地面。

因为这条辫子，冯如多次被人嘲笑、捉弄，他想不明白为什么。难道就是因为发型跟人家不一样？难道就是这条辫子很奇怪？一夜难眠，冯如决定剪掉辫子。

第二天晚上，陈石锁没来上课，"络腮胡"也没有来。又过了两天，冯如听说陈石锁被警察抓走了。再后来，冯如也收到法院的传唤。原来是"络腮胡"报案，竟然说是陈石锁袭击了他。冯如在法庭上控诉了"络腮胡"的恶行，但法官不单不管，还制止冯如说话。原来，美国曾经有过一条禁止华人在法庭上提供不利于白人证词的法律。

庭审结束后，冯如和陈石锁一起，直接被关进牢房。又黑又脏的牢房里，除了老鼠和蟑螂，就是黑人和黄种人。让冯如难受的不仅是阴暗的环境，更是种种不公平的待遇。

过了几天，冯如和陈石锁终于被带出牢房，只见黄杞和吴英兰早已站在大门外候着。原来是黄杞多方奔走，请致公堂出面，用金条上下打点疏通，才把他俩保释了出来。

吴英兰一见到冯如，又是心疼，又是生气，好好地连辫子都弄没了，那可是动了祖坟的大事啊。他强烈要求冯如跟着他回去摆摊算了。但冯如不想，他觉得天天这么摆摊没什么出息，他还想学英语，还想知道更多未知的事情。于是，他还是回到耶稣教纲纪慎会，仍然是白天干活，晚上学习。

只是现在的冯如变得沉默寡言，闷声干活，闷声读书，不怎么理会人。苔丝小姐看在眼里，心里不是滋味。她尝试开导冯如，跟他聊天。可当冯如问她，为什么美国这么繁荣富有，大清国为什么落后，华人为什么处处被人欺负时。苔丝小姐闭上眼睛，一副虔诚祈祷的样子说："那是因为中国人不信奉上帝。只有信上帝才能得救！"然后，她又说了一堆道理。

冯如听得云里雾里，几次想打断她的话，但看到苔丝小姐如此诚恳、仁慈，又实在不忍心跟她论战，只好低头默默地继续听着，而心中的谜团始终无法解开。

自从惹了官司，陈石锁就一直没有来上夜校了。"络腮胡"与冯如免不了磕磕碰碰，但也许是心有余悸，"络腮胡"倒没有之前那么嚣张了。可是，尽管苔丝小姐多方劝解，双方的关系还是不见缓和。后来，苔丝小姐的恋人尼里来到夜校，苔丝小姐请他出马，调解一下"络腮胡"与冯如的矛盾。

说来也神奇，自从尼里跟"络腮胡"聊过以后，他对冯如客气了好多，更不会主动惹事了。而冯如对尼里更是崇拜得不得了。

原来，尼里是加州理工学院的一名在校大学生，二十来岁，学的是工艺技术，对人友好，知识面广。冯如特别喜欢听他介绍一些先进的机器设备。

聊着聊着，冯如开始向尼里请教心中的困惑——为什么中国这么穷困？

思考了一会儿，尼里先谈了他对中国的最初印象。那是在《马可·波罗游记》这本书里说的，几百年前的中国富庶繁华，遍地黄金，世界各国都派遣使者到中国学习。可是现在，中国正在衰落。可能是蒸汽机发明后，尤其是电机的应用，欧洲、美国纷纷走向机器生产的时代，中国还停留在牛力、马力的时代，所以……

听着听着，冯如觉得非常在理。后来的日子里，尼里时不时会带冯如去一些工厂车间里，实地考察一下真正的机器，让冯如大开眼界。

这些所见所闻，也让冯如真真切切地感受到祖国的落后。难怪别人会欺负我们，我们连保护自己的力量都不够啊！

此后，冯如经常做梦，梦里那些会移动的大木箱在恩平老家的道路上飞驰，机器的轰隆声在村间回响……一觉醒来，冯如更加坚定决心，要学习先进技术，帮助祖国和广大同胞追上时代潮流，让我们中国人重新昂起头来过日子！

第三章

再渡重洋

1
家中来信

光阴如梭，冯如在耶稣教纲纪慎会度过了四五年半工半读的生活。这四五年里，冯如一面勤奋工作，节衣缩食，把微薄的收入存下来，寄回恩平家中；另一面，他认真学习，自从感受到机器的神奇魅力，就更加积极用功，慢慢地可以在日常生活中用英语进行读写和对话，逐渐可以借助英语辞典自学机械和电学方面的专业书籍。这时的冯如越发感觉到世界之大，学习好机械技术的决心也逐渐在他心底扎根。

通过书籍、报刊，他了解到美国东海岸的纽约科学技术最为发达，机器制造工艺最先进，于是便萌生了去纽约的想法。这几年里，冯如经常跟黄杞、尼里等人联系，从他们身上了解到很多信息，也学习到很多为人处世的方式方法。自从他有了去纽约的想法，自然也是跟他们商量，希望托他们帮忙联系一个工厂，找一份工作安顿下来。

正在冯如筹划未来的时候，吴英兰带来了冯如父母的家书。吴英兰经常会过来看冯如，见他日益长大懂事，还能用英语跟人家对话，心里甚是欣慰。他盘算着以后冯如可以找一份体面的工作，在美国安安分分生活，也是相互有个照应了。

冯如一有空就读书，他从表舅手里接过信，也不急着看。因为每次家里来信，无非就是说收到他寄的钱，家中各人安好，不用挂念，老老实实工作之类的话。可是，一旁的表舅见冯如没有马上拆开信，竟然也继续站着不走，笑着盯住冯如看。

"怎么啦，舅舅？"过了一会儿，冯如抬头见表舅还盯着他看，才觉得有些异样。突然，他心头一紧："不是家里有什么状况吧？"

"不是，不是！哈哈，家里各人都好。你自己打开信看看啊。"吴英兰挥挥手，笑着让冯如赶紧看信。

冯如实在摸不着头脑，只好先放下书，拆开信，发现这次的信比以往的要厚，接着逐字逐句看下来。开头果然也是说他寄的钱都收到了，家中安好。后面却说道，阿如年纪已不小，也到了谈婚论嫁的年龄了，同村的小伙子都开始定亲了。父母年纪越来越大了，尤其是父亲的身体每况愈下，唯有这一点心愿，希望有生之年，能够看着阿如结婚生子，儿孙满堂，就算是圆满了。

再往下看，原来母亲已经代冯如相好了亲，还跟女家换了龙凤帖，也就是订婚书。"从兹缔结良缘，喜为佳偶。尝谓天造地设，早经牢系赤绳；意投情和，行看永偕白首。花好月圆，欣燕尔之将咏；海枯石烂，指鸳侣而先盟"，云云。

冯如越看越可笑，又有点生气。信的最后，母亲特别强调，赶快回乡完婚。他把信折起来，又看看表舅，见他笑而不语。想必父母另外也写了信给表舅，好让表舅来"监督"他。

"舅舅，这是怎么回事啊？我还有好多事情做，我还想去纽约呢！"冯如一来觉得自己刚刚找到奋斗的目标，不想有太多牵绊；二来，他认为自己确实还小，他虽然也对爱情有向往，但他更向往像苔丝小姐和尼里这般的自由恋爱，而不是父母的包办婚姻。

吴英兰也是了解冯如的心思，他缓缓说道："老家里不像这老外，村里像你这年纪的都当爹了。你也要理解一下你爹娘啊……"说着说着，他竟也眼含泪光。原来这几年，吴英兰也曾回过一趟乡下，但仍然未有一儿半女，这似乎又说到了他的痛处。

冯如也能理解表舅和父母的难处，见表舅不高兴了，连忙打住，先劝他回去，说自己要详细计划一下。

的确，自己离开家乡已经五年了，不知道爹娘怎么样了呢？虽然来信常说家里安好，可究竟是什么状况？听说哥哥娶亲了，嫂子长什么样子？冯树义老先生还康健吗？还有……表舅离开后，冯如陷入深深的回忆中，一股前所未有的思乡之情油然而生。

反复思虑了几天，冯如还是决定回一趟老家。一来，他还是想念家人，尤其不想父母难过；二来，他想着反正要换个地方，目前暂时还没有消息，不如回家走走，当作透透气。

想好以后，冯如辞掉了耶稣教纲纪慎会的工作，订好年底的船票。忽然感觉一身轻松了，这几年的遭遇像放电影一样在脑海中回放。陈石锁、苔丝小姐、尼里……一个个热心帮助过他的人，都深深铭刻在他的心间。冯如决定用空余时间，亲手做一艘双桅船模型送给苔丝小姐和尼里，以表达自己的一番心意。

距离回乡的日子越来越近了，冯如又置办了一些东西，用一个箱子装起来。

当年华侨回乡的时候，都习惯用箱子来打包行李、放贵重物品，这种箱被乡下人称为"金山箱"。"金山箱"乃是衣锦还乡的象征。那时，"金山客"在异国他乡，长年累月受了多少屈辱与磨难，不复返的青春岁月，从未享受到的家庭温暖，告别时妻子是披着红盖头的娇羞新娘，归来时见到的却是龙钟老妇。老屋犹在，送儿远行的父母如今被神龛上的线香供奉着。失去的一切，拿什么补偿？就是靠"金山箱"，它所连带的气派，它向村人宣告：这一趟"金山"没白去，老子发了！箱子就是面子的全部，箱子越大，面子越大。那么，"金山箱"里装的是什么呢？是箱主毕生积蓄，还有一些洋货洋物品，如手表、化妆品、牛油，等等，为了撑门面，放进箱子的恐怕还有从别家所弃置物件中拣些来充数的。当然，也有些华侨实在撑不起这个门面，终生没有回老家。

"金山箱"有几个到几十个不等，但冯如毕竟是童工，这次回乡还要表舅资助，所以勉强凑了一个箱。除了洋点心外，还有给父母亲、哥哥带的布料，有给哥哥的一顶凉帽和一双回力鞋，有给冯树义老先生的自鸣钟，以及一些香皂、洋火、巧克力等稀罕玩意儿。表舅特意叮嘱他，要给未来的新娘子带点礼物。他虽然对婚事不上心，但也经不住说，心里也想着父母已经跟人家说好了，到时要退婚，耽误了人家女孩子，总是过意不去，就给她买了一块精纺的洋布料。

一切准备好了，临行前的一个晚上，大家要给冯如饯行。还是在张南的餐馆，黄杞、谭耀能、表舅吴英兰，这次多了陈石锁。大家聚在一起，都在说着家乡的旧事新闻，也希望冯如帮他们带去一分思念，给他们的家人送去一点慰藉。

几杯烧酒下肚，坐在一旁不怎么说话的吴英兰，不知道是不是喝多了，竟然唱起了家乡的木鱼歌——

　　瓦面漏水屋无门，

　　愁了闷了怎样算？

　　床板又长席又短，

臭气成揸虱麻成团。

衫钮崩齐裤打结，

无人照料几寒酸。

……

冯如仔细看着身旁的表舅。突然发现这个才三十几岁的表舅，皮肤本就黑实，头上的白头发都爬上来了，脸上的皱纹更深了，背也有点驼了，如今更是透出晚景凄凉的神态。

2

一口烧饼

又经历了一个多月的海上颠簸，冯如乘坐的轮船在广州码头靠岸了。长途跋涉，他在客栈住了一夜，第二天转船回恩平。

从广州回恩平，需要在大沙头乘坐"花尾渡"到开平三埠。花尾渡在清末民国年间最为盛行，曾经是西江流域的水上高手，叱咤风云，魅力无限！花尾渡是由机动拖轮拖带的优质木船，比较平稳，载客较多，大的船可载客三四百人，稍小的也可载一两百人，还可载几十吨货物。同时，花尾渡船体雄伟，经典形象包括船头的貔貅（有镇魔压邪的寓意）和船尾的花卉植被和珍奇异兽，装潢非常漂亮，穿行在珠江三角洲弯弯曲曲的河道上，犹如一座活动的水上宫殿，为华南独有的一景。

冯如乘着花尾渡经白鹅潭，过顺德出西江到江门，沿着潭江至开平三埠，再换乘帆船到恩平蒲桥。到了蒲桥，乘小舢板驶入莲塘水道。沿岸熟悉的风景，让冯如倍感轻松，虽然一路走了两天两夜，但仿佛"千里江陵一日还"。可是，这熟悉而又更显破败的风景，对比美国的繁华昌盛，又让冯如增添几分伤感。

中午时候，从莲塘村的一个小渡口上岸，冯如几乎是一路小跑地走到杏圃村的村口，绕过村边的池塘，家门口就在眼前了。他呆立在门口，一边喘着气，一边细细地看着这间老屋。一条黑狗从门缝里探出头，朝冯如吠了两声。

"阿如，是阿如回来了吗？"屋里传来冯如母亲焦急的声音，边说还边往外走。

"娘，是我啊！"冯如赶紧迎上去。

冯如母亲拉着冯如的手，细细端详着眼前这个帅气小伙儿，早已不是几年前的懵懂少年了。可看了看，她还是觉得冯如这么瘦，想到他在国外一定吃了不少苦头，不禁留下了眼泪。

"娘，我不是回来了吗？不哭啊。爹好些了吗？"冯如搂着母亲，走进屋里看父亲去。

"好，你爹听说你回来，身体好多了！"母亲高兴地说。"咳咳！"父亲刚从床上起来，见到冯如，忙抹着眼泪连连点头。

"来，阿如，有烧饼吃哪。"母亲帮冯如放下行李，拉他坐下，急忙从桌上的竹篮里拿出一块烧饼，递给他。冯如接过烧饼，迫不及待地咬了一口，还是原来的味道，还是家乡的味道。

"这饼不耐放，自从收到你的信说要回乡，每逢圩日我就买回来。放几天，见你没到就吃了。我们都吃了好几趟了。"看着冯如吃得很满足，母亲终于开心地笑了。

母亲看着他吃烧饼，甜滋滋地说道："阿如，你知道的，家里已经跟那边定了亲，聘礼也备下了。现在你回到家，就可以行聘娶媳妇了。我跟你爹想年前把喜事办了！"

冯如吃过烧饼，听母亲说完，舒了一口气，说："娘，我还不想娶亲呢！我这次回来主要是想看看你们。您看，我还小，不急着娶亲。况且，我也不认识她……"其实，他一进屋就看出来，两间正房已经修缮过，床、桌子、梳妆台都定做了新的，老家当都挪到偏房去了。父母为了他的婚事，是做好充分准备的了。

"这成亲以前，又有谁认识谁呢？谁娶亲不是父母之命，媒妁之言的？"母亲倒觉得稀奇了，"这姑娘我们是见过的，人长得好，又懂事，能干活，绝对是百里挑一。你放心！"她越说越兴奋。

"是啊，红门对红门，竹门对竹门，她爹娘都是老实厚道的人，那是个好人家。"冯如父亲一边抽着水烟，一边点头说道。

见冯如不说话，母亲又叹声道："阿如，你爹身体一天不如一天了，你嫂子是家中的独女，你哥成家后住他们家，我是又忙里又忙外。你还是要出去的，家里多个人搭把手都好。"

"咳咳，咳咳！"正说着，父亲又咳了起来，咳着喘着脸都涨红了，腰也直不起来。冯如连忙给父亲捶背，郁郁地说："要是我看不中怎么办？"

父亲止住了咳，严肃地说："我们跟那边也讲好了，你行聘时也算是相亲，若有一方看不中，这几十元的聘礼就算是白送，也不枉人家女孩子等了这些时日。"

看到爹娘安排得这么细致，也充分考虑了他的想法，冯如心里非常感动。现在，他才开始正儿八经地考虑结婚的问题，想着想着，不禁脸红起来了。

见冯如不说话，父亲又催促道，"那你明天到镇上买东西，过两天就上女家去行聘礼吧？"

"嗯，我明天到镇上请个郎中，给您抓点药，顺便看看吧……"冯如竟有点害羞了。

3

喜结良缘

在漫长的历史发展进程中，各地形成了具有各自特色的婚嫁习俗，反映着文化的地域性和居住群体的生活风貌。富有五邑地区特色的婚嫁习俗主要有相睇、定婚、出阁、上头、踢轿等。

首先是相睇，又称相亲。在旧社会，由于男女之间授受不亲，少有自己择偶的机会，男婚女嫁全靠媒人牵线搭桥。男女双方"相睇"时，事先由媒人约定时间、地点，由母亲、婶姆做伴同行。有趣的是，见面时男女双方要在相距四五米远的地方站定，由媒人介绍双方的姓名、特征之后，男女双方才各自转身前行几步，以此表明自己是一个四肢健全的人。更有意思的是，双方在暗中观察一番后，临别时，还要大声说一声："阿妈，我们走吧。"以此来表明自己不是聋哑人，然后双方家长还要互送红包道别。

然后是定婚。"相睇"是婚姻的序幕，"相睇"后，双方各自将意思告诉媒人。如果双方满意，女方便向男方提出要礼金、礼饼，要多少则视女方的相貌和男方的家庭经济条件而定。五邑人礼金尾数多为"9"字，意为长长久久。经过一番讨价还价之后，男方便选择一个良辰吉日将双方议定好的聘礼送到女方家中。女方如果收下，便算正式答应男方的求娶。这种方式被称为"文定"，不能轻易反悔，否则要受到社会的谴责。

按照冯如父母的意思，相睇跟定婚就放在一起了。这天，冯如除了带上礼金，还带了十手烧饼、十斤牛肉、十斤鲜鱼、双鹅双鸭，还有酒、槟榔和蒟青，依约来到岗坪堡竹林村。

经过婶姆的提点，在女家村头的竹丛旁，冯如看到了那个叫梁三菊的女孩。其实，两人相隔十来米远，加上心里慌乱，冯如只能说对女孩有个朦胧的印象。但他一看，就觉得女孩善良温顺，打心里喜欢上了她。

经验丰富的婶姆在旁细心观察着，很快就领会了这对小年轻的心思，赶紧到屋里向女方的父母报喜了。

按照习俗，经过"相睇"、订婚后，便要选择良辰吉日举行结婚大典了。结婚这天，新娘出阁，一大早用柚子叶洗澡洁身，梳妆打扮，由专人背上竹轿。轿帘上绣着"鸳鸯戏水""龙凤呈样"的图案和字样。随花轿而行的还有挑嫁妆的行列，嫁妆一般有衣服、被褥、面盆等生活用品。新娘从离开娘家开始到被人抬出村外，都要唱早就练习好的"女哭歌"，内容主要就是感谢父母的养育之恩与教诲、兄长的关心等。当花轿抬到男方的村口时，要停下来，由同来的一名妇女撑开纸伞遮住轿顶，而另一位年长妇女则手捧谷斗，将"爆谷"撒向花轿，寓意是落地开花，谷米满地。这时，新娘就要和送行的娘家人互相道别，然后由轿夫抬着继续前行，而送新娘的人在轿夫起轿之时，还会跑上去象征性地将轿杠压一下，俗称"坠轿"，以此表示娘家人对新娘依依不舍。

男方长辈要为新郎梳头，俗称"上头"。此习俗在五邑地区很普遍、很流行，大致方法是：在新郎成亲之日，由新郎家中多子多孙或有名望的长辈为新郎梳头，边梳边唱歌，以此为新郎祝福。有些地方的"上头"程序更为复杂，如开平市水口镇龙塘的"上头"，先要在家中设置一个圆形簸箕，上面放一个30厘米高的木斗，木斗的形状上窄下宽，木斗中放上一些谷粒、铜钱、柏叶，然后让新郎坐在木斗上，用臀部将斗口封住，意为保住钱物。

当抬着新娘的花轿来到男方家门口，新娘要等着新郎前来叩开轿门，这就是俗称的"踢轿"。所谓"踢轿"，并不是用脚踢轿门，而只是用纸扇在轿门上轻轻叩击一下，接着便由一名妇女打开轿门，由新郎扶新娘出来，再由这名妇女把新娘背走，并由人撑开纸伞，遮护新娘。当新娘被背到门口时，由从男方家族中选出的男孩（其家中必须兄弟姐妹众多，寓意人丁兴旺），将钥匙递给新娘。从此，新娘就要担负起管好男方门户的重任了。

"闹房"古称"戏妇"和"戏婿"，此俗起源很早。《酉阳杂俎》就有"近世娶妇之家，弄新妇"的记载。"弄新妇"，即"闹房"，五邑地区也称作"乱房"。新娘入洞房后，先让一群男孩爬上新床，再由一名妇女把橘子、糖果、炒米、花生、莲子、百合等东西撒在床上，任由孩子们争抢，边撒边唱"四个床角四个果，四个哥仔团团坐"等祝词，这种习俗称为"拾床角果"，寓意子孙满堂。实际上，这是古代撒帐之俗的演变。宋孟元老《东京梦华录》云："凡娶妇，男女对拜毕，就床，男向右，女向左坐，妇以舍钱彩果散掷，谓之撒帐。"

除此之外，在新房内还要摆一台酒菜，让那些参加"闹房"的伴郎猜拳饮酒，尽情而欢。在"闹房"过程中，新娘、新郎要解答各种难题。临出新房时，"闹房"的人还得在新郎床上撒上一束筷子，意谓"快生孩子"之意。

传统习俗蕴含着对新人的美好愿景，但也有糟粕。冯如对于这些粗俗甚至于野蛮的行为，深恶痛绝，认为这不单不喜庆，还破坏了婚礼的神圣、美好。

冯如父母操办婚事非常用心，冯如看在眼里。原来这几年冯如寄回来的钱，父母基本存起来了，现在全用在冯如的婚事上。父母听说冯如要免掉这几项习俗，觉得很遗憾，怕村里人说，也怕不吉利。

但冯如坚持说，你们看美国人的婚礼，简单而圣洁，哪有这些乌烟瘴气的事情，人家不也过得好好的。再说，这些什么打人、乱房的事，有什么好寓意？更多的是捉弄人、侮辱人。

父母也清楚冯如的性格，知道他的执着，想想他说的也在理，所以就依了他。冯如把自己定的规矩告诉村里人，也不管其他人的看法，就按自己的规矩做。

很快到了迎亲吉日，这一天，天公作美，阳光灿烂。新娘梁三菊坐在花轿里，彩旗簇拥，伴着八音鼓乐，大约在午后申时，来到冯如家门外的晒场。得知竟然没有打新娘、跨禾竹的环节，梁三菊既松了一口气，也觉得很奇怪。

当梁三菊的花轿来到冯如家门口时，她等着冯如前来"踢轿"。新郎冯如快步迎上去，用纸扇在轿门上轻轻叩击一下。接着便由一名妇女打开轿门，由新郎冯如扶新娘出来，再由这名妇女把新娘背走，全程有一名妇女撑着纸伞，遮护新娘。当新娘梁三菊被背到门口时，她从一名小男孩手里接过钥匙。从此，新娘梁三菊就算进了冯如家门，要担负起管好门户的重任了。

各项仪式之后，还有大宴亲朋。新娘梁三菊一直在新房里等到下半夜，冯如才带着酒气走进房间。

这会儿，梁三菊静静地坐在床边。冯如慢慢走过去，三菊向一旁挪了挪，让去一个位置给冯如坐下。冯如想说什么，可是又不知从何说起。

"你今天在我下轿的时候，怎么没有打我的头？"还是三菊先打破了沉默，毕竟她比冯如还大一岁。原来按照老规矩，新娘下轿时，新郎要用纸扇重重地在新娘头上敲击一下，以显示丈夫的权威，有些不自信的新郎下手极狠，能在新娘头上打出一个大血包。倘若新郎手下留情，往往会被旁观的人笑话。

"你也没惹我，我干吗要打你？"冯如理所当然地说。

三菊微微一笑，又问道，"进你家门槛的时候，怎么也没见到烧茅草、跨竹竿？"

"你要是踩中竹竿，我以后不就要提心吊胆地过日子？"

哈哈，红头巾下的三菊被逗得笑出声来。"我再问你，怎么今天不见有人追打？晚上也没有人来闹新房？"

"你又不是我抢来的，怎么会有人追打？我们是明媒正娶，为什么要打打闹闹呢？"冯如边说，边掀开了三菊的红盖头。

这三问，让冯如看出三菊是个聪慧有主见的女子，是一个与自己心心相通、会默默支持自己、让自己无后顾之忧的好妻子。

4
婚后别离

　　结婚后的冯如，跟妻子梁三菊一起侍奉照应父母。冯如总是主动检查一下家里有什么器具要修补就赶紧修一修，三菊积极操持家务，一家人其乐融融。当然，传宗接代才是头等大事。冯如母亲吴美英整天对三菊观察考量，口传心授，隔三岔五带着三菊去算卜问卦、拜佛求子。

　　而冯如对这倒不甚经意，他的主要心思还是放在学习上，尤其是学习科学技术。每天忙完家务农活，冯如就抱着本书埋头苦读。除了从美国带回来的几本书，他读的书多是《方圆阐幽》《中西数学通》《化学鉴原》这一类当时国内学者的科技著述和译作，也读维新派、改革派撰写的书籍和办的报刊。

　　有一天，冯如到四五十里地外的歇马村的一位梁先生家还书，刚好碰上几个人在谈论时事，说山东反洋教的义和团闹到了京城，俄、英、美、日等列强组成联军追杀义和团，所到之处杀人放火奸淫抢劫，无恶不作。说是"洋鬼子"已经攻陷了天津，现今正攻打皇城，也不知情况怎样，恐怕是凶多吉少。

　　其实，义和团，原名"义和拳"，是山东省学习武术的团民组织，为山东巡抚毓贤利用来抗衡教会、威吓教民脱离教会之用。后由外国人所迫，派袁世凯到山东取缔，团民逃到北京城外涿州各地。

　　当时，慈禧信任闭塞愚昧的守旧大臣，竟听信毓贤的怂恿之言，相信团民能"刀枪不入""枪炮不伤",借助义和团排外。慈禧太后派军机大臣刚毅前往涿州视察,但刚毅竟向慈禧奏称"天降义和团,以灭洋人"。因此,义和团以"扶清灭洋"为口号,进入北京城内勤皇。

团民沿途徒,烧教堂、拆电线、毁铁路,攻进天津租界。各国公使要求清廷取缔义和团,但未获回应。

公元1900年5月28日(清光绪二十六年),以当时的英国、美国、法国、德国、沙俄、日本国、意大利、奥匈帝国为首的八个主要国家组成八国联军,对大清帝国发动武装侵略战争。

1900年8月14日,北京城彻底沦陷,八国联军所到之处,杀人放火、奸淫抢掠,从紫禁城、中南海、颐和园中偷窃和抢掠的珍宝更是不计其数,其中著名的万园之园"圆明园"继英法联军之后再遭劫掠,终成废墟。1901年9月7日,以《辛丑条约》的签订为结果,中国自此彻底沦为半殖民地半封建社会,给当时的国家和人民带来了空前沉痛的灾难。

冯如当然还不清楚局势的变化。思来想去,他决定去广州探听一下消息。回到家后,冯如问三菊去没去过省城,三菊摇头。冯如说,走,明天我们到广州玩去。三菊兴奋得使劲点头。

这一夜两人都没睡好觉,一个因为心急如焚,一个因为兴奋过度。第二天天没亮,冯如就带着三菊出发了。

还是小船换大船,乘坐花尾渡到了广州。省城里的店铺一家挨一家,冯如牵着三菊,看了东家看西家。三菊望着店铺里琳琅满目的商品,眼花缭乱,冯如却觉得周围的空气充斥着怪异的气氛。

他正寻思着,忽然看到一队清兵押着一个五花大绑、浑身是血的人,横冲直撞喧嚣而来,大街上的人们纷纷向街边避让。等到清兵过去以后,人们三五成群、神色紧张地议论着什么。

冯如买了份《安雅报》，和三菊一起走进一家面馆，点了两碗面。等待的空隙，他边看报纸边竖起耳朵。很快就弄清楚了，原来京城已被八国联军攻陷，慈禧太后出了皇宫一路西逃。这当口有个叫郑士良的，在惠州三洲田揭竿造反，要推翻清政府但最终被两广总督德寿派兵打散了，这些天清兵正到处抓人呢。

冯如心情很复杂。皇城沦陷了，国家是要亡了吗？亡了国，还有家吗？没有了自己的祖国，海外的华人不就更是任人宰割、欺凌了吗！另外，他又不明白那个什么郑士良怎么就不能团结起来打外国人？

他不知道，三洲田起义是孙中山先生领导和打响的反清革命第一枪。1900年（光绪二十六年，庚子年）义和团运动期间，孙中山派郑士良到惠州策动武装起义，并拟亲自从台湾内渡至福建，指挥全军。10月8日，郑士良、黄福等在惠州归善（今广东惠阳）三洲田集合三合会党80余人，猛袭新安沙湾，清军溃逃，旋乘胜向深圳推进，直逼新安县城。15日，起义军与清军战于佛子坳，缴枪700余支，俘敌数十名。继又在镇隆大败清军。其后，在永湖、崩岗墟又连败清军。21日，经龙岗、淡水进至三多祝，队伍发展到2万余人。后因日本派驻台湾的总督不准孙中山登陆。孙中山派日本志士山田良政传达其指示，请郑士良自决行止。郑士良在外无援军、内乏弹药的情况下，被迫解散起义队伍。郑士良等退往香港。

冯如更不会想到自己有朝一日会成为国民革命军的一员。现在，他只是想尽早返回美国，学懂机器以救国图强。可一看身边的妻子三菊，心中歉意油然而生。但他心意已决，他也相信三菊会支持他的。

想着与三菊在一起待不长了，晚间，冯如和三菊看了一出南戏。他想尽可能带她多见识见识，尽可能留下更多美好的瞬间。甚至有那么些时候，他想时间就此停住，虽然这只是痴心妄想。

这晚，他们看的戏叫《清忠谱》，说的是明末东林党人反对魏忠贤阉党残暴统治的故事。当苏州阉党为巴结魏忠贤，建造起魏氏"生祠"，遭到东林党人周顺昌闯堂痛骂；当魏忠贤派到苏州捉拿周顺昌的校尉遭到当地民众痛殴时，台下响起一阵阵叫好声。当魏忠贤发话要杀光苏州市民，颜佩韦等五人为保全城百姓自首就义时，台下嘈杂一片，斥骂奸臣弄国，欺压百姓。当魏忠贤势败，苏州市民在捣毁的魏氏生祠上安葬颜佩韦等五人的遗体时，场内鸦雀无声，笼罩着悲愤的气氛。

随着剧情演进，冯如想起冯树义大骂奸臣当道、丧权辱国的话，想起黄杞怒斥清政府赔款割地、腐败无能的话，不知为何还想起郑士良造反被镇压的事。冯如说不清其中的是非曲直，只是感到悲戚、痛苦和绝望。

夜晚住进客栈，冯如心情沉重，眉头紧锁。三菊猜出来，冯如有很多事情想做，有很多问题还没想清楚，他急着要去美国寻找答案，但似乎又放不下她，放不下这个家。她知道冯如已经把她当作一家人了。三菊心里一暖，似乎需要安慰的不是即将要独守空房的自己，而是冯如，她像哄孩子一样哄他。

冯如再细看三菊，只觉得她身子单薄，能独自撑起这个家吗？想着想着，眼睛一阵潮热。三菊更慌了，换着法子逗冯如开心。

三菊说，相亲那天你只远远望我一眼，怎么就敢下聘礼哩？见冯如不搭腔，就绘声绘色讲起一个故事。

从前我们恩平有个小伙儿，长得英俊，人又精明，到了成婚年龄，媒婆踏破门槛，却没有一个姑娘被相中。这天他又跟媒婆去相睇一个姑娘，隔着十步远，小伙子见姑娘长得如花似玉，宛若天仙，还背着一捆干禾草，能勤劳持家的样子，就满心欢喜地点了头。哪知道，到了洞房花烛夜，小伙子一下跌进了冰窟窿。

三菊扑哧笑了，问，你说这是怎么回事？

冯如说，那女的行路似弓，睡觉像船，是个驼背。

三菊说，你就不怕我是个哑子、聋子，是个睁眼瞎啊？

冯如说，你不还是个大脚吗？我就怕你裹了小脚，下不了田，走不得路。

见三菊羞得低下头，冯如又说，我也要问你，当时两家换龙凤帖定亲时，你怎么就不怕嫁给大公鸡呢？

这是三菊心头的痛。所谓"嫁生鸡"，多是华侨在国外谋生，不能回来成婚，由男女双方父母包办，用一只生鸡代替新郎拜天地、祖先，举行婚礼。婚后如果丈夫三年五载没回来，妻子可领养一个男孩，叫作"养螟蛉子"。

三菊说，要说是我命好呢，当初由不得我的。

冯如越发觉得对不住三菊，要把想说的话说出来。便说，我的命里有什么还说不好，万一有个三长两短的也说不好。

三菊大惊失色，一把捂住冯如的嘴。又扭过头去，拼命地往后扭着身子。冯如感觉到膀臂上温热的眼泪，直后悔自己说的话不中听。

两人的心情都变得沉重，相拥躺在床上，只是紧紧抱着对方，却又不说话。

第二天早上，三菊还没起来，冯如就独自跑到码头买了张十多天后去旧金山的船票。等冯如回到客栈，三菊已经梳洗好。她一看到冯如进门，就扑过去抱住冯如，但这一回没有哭。冯如也搂着她，轻轻摸着她的头发。还是没有言语，但双方已经明了对方的心意，有的只是坚定的支持。

5
进入造船厂

两个月后，冯如回到了旧金山。他老远就看见表舅吴英兰端坐在杂货摊后面。

"舅舅！"表舅一身深褐色衣裤，脸上毫无表情，直到听见冯如喊了声舅舅，他眼睛一亮，马上有了精神，赶紧起身收摊子。

冯如把行李搁到板车上，吱吱嘎嘎地推着回住处。冯如迫不及待地打听纽约那边的音信，表舅磨叽了好一阵子，才说，那边人生地不熟的，不容易找工作。

冯如知道表舅舍不得自己离开他，便说，我先去纽约试试，做得好，把你也接过去，做不好就回来。

表舅摇头道，人老了，不想走动。这边做惯了，挣钱不多，总算能混口饭吃。乡里熟人又多，平日里总还有个照应，若是去了那边，全都要从头开始，不知道是福是祸喽。

见表舅不开心，冯如马上转换话题，讲回国后的见闻和感触，讲表舅家的情况，讲自家的情况，讲自己的婚事，讲八国联军侵占京城，讲"暴民"趁机在三洲田造反，唯独不提去纽约的事。其实吴英兰也知道，不管纽约那边有没有消息，冯如铁定是要去纽约的了。

吃过晚饭，表舅拿出一封黄杞从纽约寄来的信。说起来还是受到冯如的启发，在冯如回乡期间，黄杞向洪门下设的堂会借贷了一笔钱，跑到纽约开了一家公司。由于他身怀多种机器维修技术，且手艺精湛，公司很快就打开了局面，与纽约一家造船厂签订长期业务合同。

冯如高兴地接过信，慢慢读下来。黄杞在信中说，可以在造船厂给冯如找个工作，让冯如到美国后速去纽约找他。

看完信，冯如激动得跳起来。吴英兰见冯如这么有冲劲儿，叹了一口气，也不加阻拦了，只是叮嘱他事事小心，真有什么不顺利的，就早日回旧金山。

第二天，冯如就辞别吴英兰，独自启程坐火车去纽约。

经过七八天的行程，冯如到达纽约，找到黄杞。简单安顿下来后，黄杞就带冯如去造船厂。

来到船厂的机械厂，先找到一位技术员模样的人，由他领着去见经理。经理穿一身深色西装，打蓝色领带，戴一副金丝边眼镜，头梳得油光光的。他打量了一下冯如，便向黄杞交代冯如工种的事。听意思是要把他放到铸造车间。

冯如站在一旁，目光正好落到桌面的一张图纸上。这是一张待造蒸汽机的图纸，冯如就凭着从书本上和尼里那儿学到的知识琢磨起来。经理注意到了冯如的神态，就不无戏谑地指着图纸问，"你能说说这是什么吗？"

冯如用流利的英语说，"是推动轮船行进的蒸汽机。"

"哦。"经理拊掌看了黄杞一眼，又饶有兴致地问冯如，"你能说说它是怎么推动的吗？"

冯如上前一步，比画着图纸说，"以火蒸水汽灌入筒，筒中有三窍，闭前两窍，则汽入后窍，其机自退，而轮行上弦；闭后两窍，则汽入前窍，其机自进，而轮行下弦。火越大则汽越盛，机之进退如飞，轮船也航行得飞快。"

这是冯如的中文理解，他是按这个理解用中国式英语表述的。

意思是这个意思，但有趣的表述让经理忍不住笑出声来。经理又从头到脚把冯如打量了一番。他改变了主意，说，"你去制造车间吧。"又拍拍冯如的肩说，"小伙子，好好干。"

冯如很兴奋，返回的路上都在谈自己的憧憬和理想。

黄杞一路鼓励他，说，"你的想法好，国内许多人主张实业救国，曾国藩、李鸿章等人大举洋务，引进西方机器设备和科学技术，至今已在全国各地创办了军火、造船、采矿、冶炼、运输、纺织等一大批企业，但人才奇缺，你把技术学到手，将来回国大有用武之地，定能实现为强盛祖国效力的抱负。"

冯如说："如能学会造船，将来回国就能造兵舰，造出最先进的兵舰，就能御侮于国门之外了。"

到了制造车间，冯如没有固定工种，干的是打杂跑腿的活。把蒸汽机部件的图式拿到木模车间放大样，然后拿到铸铁车间铸坯，拿到锻铁车间打制成器，拿到轮机车间刮磨合拢，拿到制缸车间配制铜管等。冯如身穿背带裤工装，戴一顶鸭舌帽，谁支使他，他都乐意。这活正中冯如下怀，他每跑一道工序，都站在一旁留心揣摩。他本来就是为学习而来的，这活儿接触的工种多，能学到更多东西。几次为他调换工作，他反倒不干，都以巧妙的借口避过了。

冯如对每道工序都很上心，怎么成坯，怎么车光，怎么校准，怎么刮磨，开始是观察，跟师傅混得熟了，也动手操作。他格外上心的是机器的构造和原理，尤其在机器组装时，总是刨根问底提出一连串问题，回去也常向黄杞求教。

晚上，他如饥似渴埋头读书，内容涉及广泛，什么轮机、电工、无线电、金属材料、铸造，乃至数学和工程学，只要与造船有关都学。他的床下和放衣物的木条箱子里全是书。

冯如聪明好学，人又谦虚勤快，干活时常帮着打下手，师傅们都喜欢他，乐意回答他的问题。渐渐地，师傅们遇到什么难题，也有反过来请他帮助解决的。时日一长，冯如同不少师傅交上了朋友。

最说得上的要数铸铁工比尔·萨克斯，这位英格兰后裔长着一颗圆乎乎的秃脑袋，粉艳的酒糟鼻上，细眯眼飞闪飞闪的，嘴角总挂着笑，一看就知道是个乐观快活的家伙。比尔裤兜里掖着个锡质小酒壶，工间喜欢抿几口小酒。也许是翻砂的活儿太粗，闲时也喜欢捣鼓些精巧细密的手工活儿，用胡萝卜似的粗手指缝个布袋、捏个泥人什么的。见冯如做了个风筝，就向冯如学做风筝，后来又学做风车、汽车、帆船、轮船，工余反倒成了冯如的徒弟。

接触多了，冯如了解到工人们生活的艰辛，整天与快速转动的齿轮绑在一起，上厕所的工夫都没有，有的疾病缠身，弄不好还要遭工头打骂，工资却不足以养家糊口。比尔一家五口，妻子、老母、俩孩子，就靠他一人挣钱，六岁的女儿晚上得跑到电影院门口去卖花贴补家用。没钱的时候，比尔若想喝酒，只得搞点工业酒精兑上水解馋。工人们心情郁闷，牢骚满腹，冯如非常同情他们。

这年夏季闹蝗灾，粮价飞涨，工资却不涨，工人们吃了上顿愁下顿，激愤情绪达到了沸点，连比尔这样性格开朗的人都抢着撬杆敲敲打打。

一天晚上，冯如正在昏黄的灯下看书，比尔拎着一只大铁皮桶来了，说工会让他散发传单，叫冯如帮一把。打开桶盖，是满桶的传单。传单上有一幅漫画，画的是一只巨大的蝗虫，西装革履，大腹便便，戴圆顶礼帽，正抓着一只苞衣破碎露着根根肋骨的玉米棒子贪婪地啃嚼，啃得满嘴骨渣满嘴血浆。传单号召工人兄弟团结起来举行罢工，要求资方提高工资，不达目的誓不罢休。

冯如兴奋地说一声："好！"提起桶就走。他们先到工人聚居的棚户区挨家挨户送，又把剩下的张贴到厂区的电杆、树干和车间的墙壁、大门上，一直干到深夜。

罢工如期举行。罢工由机械厂发起，冶炼厂、锅炉厂、铁工厂、木工厂随即卷了进来。斗争很激烈，资方一边与工会代表谈判，一边叫来警察干预，还找来黑帮恫吓，但工人们不上当、不屈服、不退让，抱成团坚持斗争。

僵持到第三天，情绪激烈的工人开始砸机器，老板挺不住了，表示答应工人的条件。为了下台阶找回面子，也是为了杀鸡儆猴，老板提出一个条件，就是要警察局把冯如抓起来，指控冯如在老板和工人之间挑拨，说冯如的工钱比所有的白工都要低，因此怀恨在心，到处散发传单，造谣生事，并找了几个胆小怕事的工人做证人。

消息传来，众人群情激愤，看穿老板的阴谋，如果答应了，即使得到加薪，却输掉了道义。工人们把冯如藏在车间里，警察来抓人，任他拼命吹哨子、挥舞警棍，工人们组成的人墙毫不松动。此时，冯如却几次想冲出去，一是好汉做事好汉当，不能拖累那么多工友；二是对老板的诬陷难以忍气吞声，他要把事情挑明，但都被一直陪伴在他身边的比尔拉住了。

老板使出吃奶的力气，也没能撕开这堵墙，只得自认倒霉。工人这边也付出了代价，事后几个领头的工人被解雇了。冯如也被解雇了。

冯如被船厂解雇后，就以黄杞的小公司为据点，四处找工作。

在船厂这几年，冯如凭着一看就懂、一点就通、一上手就会的天才悟性和勤奋刻苦的学习实践，已经熟悉掌握机器制造知识和工艺。来到黄杞公司，仍然想着将来造兵舰。干活不是为谋生，是为了学艺，为了增长知识和才干。看到招工海报和广告，只要与造船沾边都去应聘，去当学徒或工人。他先后去了电厂、机器厂等好几家工厂做工学习。

不同于以往的是，冯如越来越多地把精力用在试验上。在公司的一角，他为自己营造了一个试验场所，整天趴在桌上琢磨图纸，趴在地上鼓捣机件，尤其是瞄着机械制造最前沿的电机技术，四处搜集资料，刻苦钻研。客户送来维修的机器设备，总是要先拆开来，搞清构造和运行原理，拆了装，装了拆，反复试验，有的还按自己的想法加以改造，废寝忘食，常弄得一身一脸的油污。

有一次在修理一台打桩机时，他改进了打桩机的传动结构，大幅提高了功率。客户来取货，冯如就把改进后的打桩机交给他，并告知注意事项。想不到这位刻板的顾客拒收，认定冯如是瞎倒腾，只会把机器搞坏，不可能改进性能，冯如要试给他看也遭到拒绝。一气之下，冯如自己掏钱赔了这位客户一台新的，并在报纸上登广告推销这款打桩机。有人买去一试，性能果然优越。消息不胫而走，定制这款新型打桩机的订单不断，公司也因此出了名，生意越来越兴隆。

6
结缘孙文

很快到了 1903 年的年底，冯如继续潜心研究各种机械。这天傍晚，黄杞来了。他一进门，兴奋地说，孙文来纽约了。冯如一听，拿着零件的手都定住了。"走，赶紧收拾收拾，听听去！"黄杞催促冯如，因为当晚孙文要在长老会发表演讲。

孙文，即孙中山，他首举彻底反帝反封建的旗帜，"起共和而终两千年封建帝制"，是伟大的民族英雄、爱国主义者。

孙文后来叫孙中山，是在章士钊翻译日文书《孙逸仙》之后。他将孙文在日本的化名"中山樵"中的中山当成了他的名字，同姓氏连缀在一起，"孙中山"这个误译的名字自此便流传开来。

孙中山原在香港学医，并成为西医医师。鸦片战争后，孙中山目睹中华民族有被西方列强瓜分的危险，决定抛弃"医人生涯"，进行"医国事业"。孙中山早期受郑观应的改良思想影响，后看清了清政府的腐败，决心推翻清王朝，建立民主共和国。

1894 年 11 月 24 日，孙中山在檀香山创立兴中会。1905 年成立中国同盟会。在孙中山近 40 年的革命生涯中，海外华侨社会是其主要的革命经费来源所在。关于华侨在中国革命中的作用，孙中山有句名言："华侨为革命之母"。为了募集反清经费，孙中山的足迹先后走遍亚洲、美洲和欧洲，所到之处他都深入当地的华侨社会，鼓励华侨出钱出力，支援革命。

　　据纽约中华公所的记载，孙中山于1903年5月再次来到美国大陆，9月27日到达纽约，这是他第二次来纽约。华埠勿街依然是孙中山主要的活动地点。10月，孙中山在纽约发表题为《中国问题之真解决》的英文稿，首次向美国主流社会公开宣扬革命政治纲领。孙中山在文稿中痛批清政府260余年的罪恶，强调中国必须革命。在这次停留纽约期间，孙中山多次造访纽约洪门致公堂，宣扬革命，并为革命募款。

　　孙中山在北美大陆的活动实际上是在步保皇会首领康有为的后尘。自1899年以来，康有为已经在北美建立了庞大的保皇会组织。康有为与孙中山势不两立，孙中山的到来必然遭到他的抵制。要打破康有为保皇会的封锁，孙中山借助了两股势力：北美的基督教会势力和旧金山致公堂总部大佬黄三德的支持。

　　长老会即长老宗，也称归正宗，是基督新教三大流派之一。冯如跟着黄杞急匆匆地赶到纽约东九街的长老会。

　　进入会场时，演讲已经开始了。会场内，听众爆满，气氛热烈，冯如和黄杞远远地站在后面。只听到孙文说——

　　诸君，我们都是中国人，中国人有四个亿，就是说，地球上四个人里头就有一个中国人，我们算是地球上最大的民族，而且是最古老文明的民族。可是，现在世界上有谁看得起中国人呢？我们既是专制政府的奴隶，又是列强的奴隶，备受压榨，横遭杀戮。

　　一个民族要有尊严，首先你得有自尊，要有自尊，你自身得强大起来。中国要强大，首先要取得民族独立和自由，要取得民族独立和自由，只有起来革命一途。如今保皇党打着革命旗号，混淆是非，目的是保皇。洪秀全创建太平天国，还是打倒皇帝做皇帝，内讧发生，终归覆灭。康有为和梁启超倡导维新，囿于和平手段。戊戌变法，昙花一现，六君子血洒街头。革命与保皇水火不容，要救国，只有走国民革命这条路！

我们要建立一个新的国家，新的国家是没有皇帝的共和国，民众自己管理自己，是像美国、法国一样的共和国。

位卑未敢忘忧国啊！我们侨胞要团结起来，同仇敌忾，为推翻清廷，建立光辉灿烂的共和国而奋斗！

美国从前乃一片洪荒之土，于今四十余州的盛况，皆非中国所能及。中国有几千年的文明，倘若革命成功，中国比美国还要强几分的，将来我中国的国力凌驾全球，也是不可预料的！

孙文个子虽然不高，却挺胸昂首，气宇非凡，魅力四射。他饱含思想和感情的演讲字字句句叩击人心，讲得听众泪水纵横，掌声不断。

演讲结束后，侨胞挤挨着走到台前，为革命起义捐款。冯如听得热血沸腾，也掏出身上所有的钱跑过去。

在冯如前面的一位老华侨安静地排着队。当他走到孙文跟前的时候，颤颤巍巍地拿出一只布包，打开是十余枚金币，双手托着递过去。孙文见状，走近老人，捧着老人的手说，老人家，谢谢，谢谢！

老人说，拿去吧，能多买一杆枪、一门炮也好。

孙文说，有你这样的爱国华侨鼎力相助，革命一定会成功！

老人说，我们就盼着革命成功，就盼着祖国强大起来。祖国不强大起来，我们永远要受人欺侮呀！

捐完款走出会所大门，冯如与黄杞站在人群里，听着人们的议论。这时候，一个人忽地闪到冯如面前。冯如眼睛一亮，竟是陈石锁。三人相认，聊了几句，陈石锁把头往会所大门偏了偏，语气神秘地说，今晚我还有要紧事，改日我再去找你们。话音刚落，就消失在门墙下的阴影里了。

在回公司的路上，冯如还不停回味着孙文的演讲，他觉得孙先生真了不起，他讲的都是真理呀。有孙先生这样的伟人，中国是有希望了。

回到公司，冯如充满力量地扎到他的试验角落，继续研究调试无线电报机，做白天没做完的事。冯如每天都有工作计划，每天都必须完成计划，甚至不吃饭、不睡觉，也不能不完成计划。冯如又忙了整整一个通宵。

果然，陈石锁隔天找来了。他们一同来到唐人街的一家潮州菜馆，要了几样家乡菜，边吃边聊。陈石锁告诉他们，他是随孙先生当保镖来纽约的。陈石锁说，孙先生这次来美国，一是与保皇党论战，宣扬革命主张；二是为起义筹款。孙先生与洪门致公堂的关系非同一般，他来美国的一应活动都由致公堂出力张罗，这回总堂大佬黄三德一路陪同，本人随做保镖，从 5 月开始，取道南方铁路，经洛杉矶、圣路易斯、华盛顿、费城、芝加哥等数地，最后到纽约，兜了一个大圈。

冯如对陈石锁十分佩服，自从在夜校同"络腮胡"闹了那场风波，就觉得他豪爽侠义、乐于助人，后来又听说这位广东老乡是在家乡打死一个横霸乡里的恶少，在洪门的弟兄们帮助下身背命案逃到美国的。

冯如问起孙先生与保皇党论战的情况，陈石锁也不甚了了，说孙先生揭批保皇党的言辞很激烈，势同仇敌，但到底是怎么回事他也闹不清，支持哪一派，听老大的就没错。

黄杞说，你说有事要找我，什么事？陈石锁拿出一支雪茄，双手托着向黄杞和冯如让了让，见都不接，就自己点燃，香香地吸了一口，说，就是你开公司的那笔贷款，那边催着还了。

黄杞说，我不是按契约每年都在还吗？契约上订的，连本带利，还期十年。陈石锁说，如今人家手头紧，凑巧要办事，还要为革命捐款，这回要一次性收回。黄杞说，契约上画了押的，怎么能说变就变呢？陈石锁抱起膀子，面无表情，说，黄叔，不是我逼你，洪门怎么行事你比我清楚。黄杞说，那好，我想想办法，尽快办妥。陈石锁说，我这次就得带走。黄杞说，你得容我些日子，我办好汇过去不行吗？

陈石锁不容商量地说，不行，我得带现金走。

黄杞后来告诉冯如，他当时心里明白，这是人家要搞垮他了。

当初这笔贷款是总堂指定一个分堂贷给他的，分堂的堂主本与黄杞有过节，但只得照办。近年见他的公司办得有起色，便多次明里暗里要额外的好处，他都未加理会，如今人家要置他于死地，说明人家已经与总堂疏通好了，你都没地方讲理去。

黄杞皱着眉头想了一会儿，叹口气说，好，就是倾家荡产，我也要把这笔债还了！

在后来的两天里，黄杞东跑西颠，最后用公司抵押，以高利贷从当地华人堂会借得现金，交给了陈石锁。冯如也陪着跑了两天，目睹了黄杞的艰难。

冯如原来就知道，洪门虽奉行锄强扶弱、打抱不平、调解纠纷、互济互助，保护华侨利益，但也用经济、政治和武力手段控制华人，各堂还时常为此爆发流血堂斗。他总看不惯洪门的习气做派，经过陈石锁这次催债，更加深了对洪门的成见，更渴望国人真正团结起来，携手共建一个强大的祖国。

第四章

逐梦长空

1
萌发飞天梦

时间来到了 1905 年，冯如一如既往地潜心研究制造机器。

秋风起，红叶落，冬日渐来。纽约的秋天出了名的短暂，瑟瑟寒冬在不知不觉中就把人包裹住了。这一天，冯如为改装一台电动机去采购材料，走在街上，就听到一个报童在吆喝着卖报：看报看报，莱特兄弟驾飞机飞上蓝天……冯如买了一份报纸，见一版左下角果然有一篇文章，这篇文章转载自著名的《科学美国人》杂志，它揭露了一个惊天骗局，说一对姓莱特的兄弟自称驾驶自己研制的飞机飞上了天，在代顿的霍夫曼草原持续飞了 38 分钟，共飞了 38.6 千米。文章说，"这完全是两个自行车修理工制造的一个商业骗局"。

按理说，莱特兄弟造飞机试飞成功是 1903 年的事了，但每一个国家在新科技发展初期都会经历真假难分的阶段。当时，美国科技发明繁花竞绽，也难免鱼龙混杂，蒙事的骗子蜂起，莱特兄弟把消息告诉报社时，报社以为又有人出怪招施骗，斥为天方夜谭，拒不发布消息。政府和公众也未予重视与承认，甚至 1906 年他们的飞机在美国获得专利发明权，还为人们所怀疑，反倒是法国于 1908 年首先肯定了他们的成就，才引发了席卷全球的航空热。也许正因为如此，巴西人一直不服莱特兄弟，认为他们的英雄桑托斯·杜蒙才是世界飞行第一人，认为桑托斯·杜蒙于 1906 年10 月 23 日在巴黎一家公园里的飞行才算得上真正的第一次。

尽管迟了两年才知道，而且是被当作骗局来发布的，冯如却被这股强劲的电流击中了，他的每一个毛孔和每一根发梢都兴奋起来。他立刻做出判断，这不是什么骗局，这是真的，并且立刻想象出了这架飞机的形状和构造。童年的飞行梦也瞬间涌到胸间，涌到天边，那朵闪烁着毛刺刺金焰的红云飘呀舞呀"呼呼"地燃烧。

他仰头久久地看着那朵红云。他要飞，他要飞啊，他脚下生风，仿佛长出了翅膀，立马就会腾空而去。

此外，这两年里发生的另两件大事，也促成了他的选择和决心。

这第一件事，是1904年世博会在美国圣路易斯举办。4月底世博会开展，5月初冯如就专程跑去参观。他心急脚慢挨个儿看了各个展馆，在那些陈列大气、接近实景的农场、矿区、学校、火车、汽车之间流连。最让他感兴趣的是电气馆和机械馆，那里展出的电气产品，各种发动机和新型机器，令他大开眼界。新贵无线电最抢眼，观者还可用无线电与芝加哥通话，冯如也试了试，并暗地里与自己制作的无线电收发报机做了比较。冯如浮想联翩，神游八极，心头炫动着对未来的憧憬。

走进中国馆，一阵暖春般的亲切气息迎面扑来，那些标志着相同血缘和生命密码的皮肤和面孔，让他禁不住地要与每个人拉手拥抱。那些乡音，仅仅是声音，就足以让他感动得落泪。然而，转着看着，他感到胃里有一种东西在翻腾，这种感觉越来越强烈，等到后来回味的时候，他知道是怎么回事了。人家的展品是电灯、电话、电报、汽车，我们是古董、丝绸、瓷器、画扇。人家展示的是科学和进步，我们展示的是农耕的传统和停滞的国粹。人家展示未来，我们展示的是过去。巨大的反差让冯如沮丧。最让他感到蒙羞的是一组人物雕像，有苦工、乞丐、娼妓、囚犯和鸦片鬼，展示的是当时中国社会的丑陋与落后。中国展馆里还有一座戏院，身穿戏装的演员在唱戏，冯如转进去时，感到像走进了前世美丽的梦中，但不知为何又感到忧心，那咿咿呀呀的唱腔让他好不心烦。

另一件事，是发生在 1904 年至 1905 年的日俄战争。这场发生在中国东北大地上的战争，是两只恶狼为抢夺一块肥肉而展开的疯狂厮杀。在血光烈焰中，国土横遭蹂躏，生灵惨遭屠戮，凶信接二连三传来，诸如"死于炮林雷阵之上者数万生灵，血飞肉溅，产破家倾，父子兄弟哭于途，夫妇亲朋呼于路，痛心疾首，惨不忍睹"；诸如"自旅顺迤北，直至边墙内外，凡属俄日大军经过处，大都因粮于民。菽黍高粱，均被芟割，以作马料。纵横千里，几同赤地"；诸如"烽燧所至，村舍为墟，小民转徙流离哭号于路者，以数十万计"，"盖州海城各属被扰者有三百村，计遭难者八千四百家，约共男女五万多名"……每在报上读到这些血淋淋的凶信，冯如都会感到万箭穿心，撕心裂肺。

想到这些，在机器制造技术上已经取得高深造诣的冯如，眼看祖国主权被践踏，骨肉同胞遭蹂躏，愤慨万分。世界第一架飞机制造成功和帝国主义对中国的侵略，使冯如痛切地感到，"是（指制造机器）岂足以救国者。吾闻军用利器，莫飞机若，誓必身为之倡，成一绝艺以归飨祖国，苟无成，毋宁死！"可见冯如这时已经进一步认识到，只注重发展祖国的机器制造事业，还不能改变祖国受欺凌、被宰割的悲惨局面，要振兴中华，使祖国不受欺凌、宰割，除了发展机器制造事业，"助工艺之发达"外，还要有一支装备先进的、强大的军队，才能抵御外侮，保卫祖国。

冯如希望通过航空事业的发展以强壮国家的愿望实则代表了近代中国知识分子的心声。鸦片战争以后，中国的国门被强行打开。在清政府被动挨打，西方列强对中国进行军事、政治和经济侵略的同时，一些知识分子开始警醒，并提出向西方学习。同时，西方近代的航空知识、机械相继传入中国。1855 年，上海墨海书店刻版印刷了英国医生合信所著《博物新编》，书中介绍了当时属于新式的气球升空原理，即在气球内充入氢气代替原来的热空气。1884 年，创刊的上海《点石斋画报》发表过清末画家吴友如的时事画《履险如夷》，描绘的就是热气球升空的场面。除此之外，还有一些翻译的文学作品也反映了当时人的航空梦，其中就包括鲁迅翻译的法国作家凡尔纳的作品《月球旅行》。同时，一些介绍飞机、飞艇的专门著作和文章也开始出现，其中最早介绍飞机的文章是 1901 年上海慎记书店出版的《皇朝经世文编》中的《飞机论》，专著则有 1910 年上海商务印书馆出版的《空中航行术》，作者是高鲁。

由于近代中国和西方在科技方面的巨大差距，当时的国人还只能视飞行器为奇技淫巧，尽管当时清政府派出国考察军事的官员徐元甫和田凯亭曾在日本乘坐气球升空飘行，却没有想过拥有自己的航空设备。

自 15 世纪以后，资本主义的曙光照亮了西方国家的前程，随着资本的原始积累，英、法、美等国的科学技术实现了突飞猛进的发展。同时期的中国却仍自诩为天朝大国，故步自封，并且实行闭关锁国的政策，愈加的夜郎自大。因此，中国与西方在科技方面的差距越来越大，航空事业就是一个典型的例证。而缩短这种差距、为中国发明飞机的历史重任很自然地就落在了那些久居海外、接触了西方先进科技的华人华侨身上。在冯如制造飞机之前，就曾有两位华侨分别制造过中国最早的飞艇。

其中一位是飞行先驱谢缵泰，字重安，号康如，祖籍开平县谭边园（现塘口谭溪），1871 年出生于澳大利亚新南威尔士州悉尼埠。谢缵泰在香港设计的"中国"号铝质蒙皮电动飞艇，解决了当时飞船上的航空技术问题。他所设计的飞艇是由船首、船尾和轮面三个用马达发动的螺旋桨推进的，这三个螺旋桨体现了回旋运动的升降原理。他曾把飞船设计图纸寄给荣获巴黎武器展览奖的英国著名枪炮专家马克沁并大受称赞，当时世界上许多报刊都刊登了他的飞船设计方案，轰动一时。

如果说，谢缵泰的飞艇还停留在纸上谈兵的话，那么，另一位旅美华侨余焜和则将这一梦想付诸实践。同是祖籍广东开平的余焜和，在甲午战争中的中国吃了败仗后，燃起了一腔热情要为国家制造飞艇。他曾说："世界机器之最大用，可为国家富强之用者莫如飞船。"1907年8月，余焜和返回中国并向清政府陈情，请求批准给予生产飞艇的专利权。然而，昏庸的清政府不予支持，他只好返回美国，自筹资金制造飞艇，并于1910年初建成。这艘飞艇长约4米，宽约1.7米，上悬一个气球。气球用绸布制造，内充氢气。这艘飞艇达到世界先进的水平，同时也是国人制造的第一个飞行器。

与飞艇相比，制造飞机技术难度更大，成本更高，而且，即使在当时的西方发达国家也属于重大的科研难题，很不成熟。

尽管1903年美国的莱特兄弟试飞成功，可对于中国来说，实现自己的飞天梦难上加难。然而，冯如这个年轻人有着凌云壮志，他宁愿放弃自己在美国积累多年的工作和生活，承受着经济和生命的风险，毅然投身于中国人自己的飞机制造事业当中。冯如心系祖国、不计回报，把一生都奉献给了中国的航空事业。在他看来，唯有军事强盛才能抵御外国列强的欺侮，只有努力建造飞机才能使中国迅速地武装自己。

于是，冯如萌生了回旧金山研制飞机的想法。

2
办厂造飞机

当初，冯如从旧金山来纽约，就不是单纯为了谋生，而是因为纽约工业和科技发达，来纽约能更好地学习先进的机器制造，学成好为祖国效力。经过这些年苦心孤诣的追求、勤勉努力的奋斗，加上他颖悟非凡的才华，而今不仅三十六种机器无不通晓，而且独出心裁，大胆试验，自制了抽水机、打桩机、发电机和无线电收发报机，并加以改进，可见其技术娴熟和精通。他的第一步完成了，便要开始第二步，他要经营学到的技术，为国效力了。这是他的理想，是他的必由之路。

12岁那一年来旧金山，黄杞就帮了冯如很多，也是黄杞把他带到纽约，介绍其到工厂当学徒，他们已结下了深深的缘分，黄杞已然成为冯如非常信任的"黄叔"了。回旧金山之前，冯如就和黄杞之间有了一次深深的长谈，道出自己这几天在心中酝酿并已成型的重大决心。

冯如说，自从来美国后，我就深深感触到，我们华人活得太屈辱、太没有尊严了。想来想去，还是你说的，你国家穷、国家弱，你就没有尊严可言。我们华人活得没有尊严，是因为我们的祖国活得太没有尊严。远的不说，只说甲午海战、八国联军侵华和这次的日俄战争，一桩一桩，哪一桩不是饱浸中国的血泪和屈辱？没有谁比我们这些海外客更敏感、更清楚了，祖国强，我们强；祖国弱，我们弱；祖国安，我们安；祖国危，我们危。我们的冷暖炎凉、我们的每根神经都与祖国紧紧地牵扯在一起，只有祖国强，我们才能挺直了腰杆做人。

冯如说，而今我们的祖国积贫积弱，多灾多难，已经到了生死存亡的紧要关头，我堂堂七尺男儿当舍身捐躯，以求壮国体、挽利权。最早是想机器救国，但在火烧国门的今天，机器无以救国；在船厂做工时，也曾想将来打造兵舰，扼守国门，但想甲午一役，北洋水师倾覆，让人不知所以。而今飞机出世，我想当此激烈竞争的时代，谁执牛耳谁就占上风，飞机是当今最先进的科技，若用于军事，必是威力无比，而且，造一艘战舰，要花费数百万金钱，何不用这些钱造数百架飞机呢？如果有千百架飞机分守祖国港口，内地可保无虞。

冯如提高声调说，我想了很久了，与其去造机器、造兵舰，不如去造飞机。我想回旧金山去研制飞机！

平日里冯如不是埋头干活，就是静气读书，话并不多，今晚口若悬河的一通大论，可见是深思熟虑的。相反，见多识广、快人快语的黄杞却一反常态，到现在还没说一句话。

冯如说得心里痛快，抓起杯子喝干一杯茶水。见黄杞蹙眉不语，就征询地问，黄叔，你以为怎样？

黄杞仍凝在那里。冯如从他泛开的目光里，看出他的神思在远游，就伸手触触黄杞的胳膊，提高声量叫了声"黄叔"。

黄杞收拢目光，看着冯如说，你的话，句句说到我心里去了。我在想，往后该怎么做，才能实现你的抱负。

冯如说，我想了，当今美国的发明家，如爱迪生和莱特兄弟，他们在从事发明创造的同时，都在做企业，这样既可维持日常开销，又可边试验边研究，并可将发明成果付诸实用，推向市场。所以我想，还是依托你的公司，边经营机器修理、制造和销售，边研制飞机。

黄杞说，你与我的想法不谋而合。我还在想，我们该怎么合作？

见冯如不解，黄杞解释说，我是说，我们的公司前番被那么一搅和，伤了元气，欠了一屁股债，靠着你的帮助才还得差不多了，我心里一直不安。此外，往后公司虽经营机器，却是要以研制飞机为主业。所以，我想把这个公司关了，另开一个公司或者工厂，你做经理，我给你当帮手。

冯如连忙摆动手说，那不行。我赞同另起炉灶，但我只想一门心思研究飞机，你熟悉经营，人脉又广，还得由你掌门。

黄杞说，名不副实，是做不好事的。这个再议。我还在想，要研制飞机，资金不是小数，贷款恐受制于人，已有教训，我想能不能用招股来解决。我同意回旧金山去办，那儿靠得住的熟人多，往后的路很难，须步步走稳当才好。

冯如眼眶发热，说，黄叔想得很周到，一切还仰仗黄叔多费心思。

1906 年，冯如从纽约重返旧金山，经营机器制造、销售业。当时，青年华侨朱竹泉，对冯如高超的机器制造学识和技术十分钦佩，遂拜冯如为师，学习机器。

冯如对朱竹泉说："日俄战事大不利于祖国，当此竞争时代，飞机为军事上万不可缺之物，与其制一战舰，费数百万之金钱，何不将此款以造数百只之飞机，价廉工省。倘得千百只飞机分守中国港口，内地可保无虞。"从此，冯如开始注意搜集制造和驾驶飞机的资料，把奋斗的目标指向广阔的天空。他对朱竹泉说的这段话也成为冯如"航空救国"思想的精练表达。应该说，冯如制造飞机的初衷是从军事角度出发，因为，当时的中国已彻底沦为半殖民地半封建社会，冯如急切地盼望能够用飞机的力量抵御外辱。他远在飞机投入战争的几十年前，就已经预见到飞机必将成为威力巨大的武器，在战争中担当起重要的、不可替代的角色。从这个意义上讲，冯如当之无愧为中国最早的军事航空思想家，孙中山日后提出的"航空救国"思想，也是基于冯如的思想和实际行动提出的。

1907 年，旧金山华侨富商集团计划发展祖国的电力工业和各种最新的科学技术，以冯如为当时旅美华侨中有名的工程师和发明家，拟邀请其主持这项发展计划。冯如虽然早就有发展祖国工业和科学技术的设想，但他认为当前应该首先建立和发展祖国的航空事业，以带动工业和科学技术的发展，才能"壮国体，挽利权"。"壮国体"是要使中国富强起来，抵抗外国的侵略和压迫，使中国人不受外国的欺凌；"挽利权"是要夺回被外国侵略者抢夺去的中国利益，恢复中国人的尊严。冯如决定首先把主要精力投向飞机制造业。为了慎重起见，他把自己建立和发展祖国航空事业，实现中华民族腾飞的理想和步骤，向他的几位志同道合的华侨同乡，还有一位相识多年的美国青年知心朋友——奥克兰市的赫 - 威廉·尼里（H-William Nelle）透露，听取他们的意见。

赫 - 威廉·尼里，美国人。冯如曾把自己制造飞机的打算和设想向其介绍，征求其意见。这位学识丰富的美国青年，认为冯如的设想和计划是可行的，并深信其能够成功。事实确如他所估计的那样，冯如终于在 1911 年 2 月宣布制造飞机成功，把广东制造机器公司改名为广东飞行器公司，迁回祖国。该公司迁回祖国后，在美国的未了事务，由冯如委托赫 - 威廉·尼里处理。冯如在美国为祖国制造飞机期间，美国各地，特别是旧金山、奥克兰所在的加利福尼亚州，由于美国种族主义分子的煽动，排华暴力事件不断发生，而赫 - 威廉·尼里真诚地和冯如交朋友，支持其为祖国制造飞机。这种维护中美人民友好的亲善情谊，无疑是很值得称道的。

当时美国的科学家，如爱迪生、莱特兄弟等，为了把他们的创造发明迅速有效地贡献给社会，都是一身二任，既是发明家，也是企业家；一面进行创造发明，一面自筹资金、创办公司，使创造发明一旦成功即可付诸实用，效果显著。冯如在这些事实的启发下，也试行自兼企业家，向当地华侨发起集资创办飞机制造公司，群策群力，为祖国制造飞机，以"固吾圉，慑强邻""壮国体，挽利权"。

接下来的日子，冯如加紧搜集资料，钻研制造、驾驶飞机的技能，同时筹措创办制造飞机的工厂。

办厂的方案有两个。第一个方案是冯如、黄杞、张南和谭耀能，拿出自己的所有积蓄作为启动资金，先办一个研制飞机的工厂。张南一腔热血，说为了壮国体、挽利权，不要说倾尽囊中所有，必要的时候，他可以辞掉饭店司理，到厂里来干，技术活干不了，打下手也行。谭耀能对机器制造有特殊的兴趣，一直想摆脱洗衣的行当，梦想能成为一名工程师。黄杞就更不用说了，他随时准备撂下手里的事，全力辅助冯如。还有黄梓材和朱竹泉，他们都是冯如的铁杆支持者。

第二个方案是在华商中广为筹资，以充足的资金、优良的机器设备，从一开始就为研制飞机创造一个良好的条件。

如能做成第二种方案，当然再好不过了。

旧金山华侨很多，富有资产的也不少。他们平日受帝国主义欺凌、压迫，爱国心旺盛。其中一些富有资产的华侨，还打算聘请冯如负责实施他们投资发展祖国电力工业和最新科技的计划。他们虽然对冯如的电力、机器和科学技术专业知识技能充满信心，对冯如为"壮国体，挽利权"而制造飞机的爱国精神也极为赞佩，但由于制造飞机在当时先进的工业国家中还处于摸索阶段，在旅美华侨中更属初创；他们怕制造飞机失败，投资受损失，故多存观望，只有并非富有资产的劳动者黄杞、张南、谭耀能三人，甘愿冒失败的风险，不怕投资受损失，毅然出钱出力，予以支持。黄杞经营小本生意，人称"黄老板"。同时，他十分擅长机械工作，尤以机器的接合、安装技术出色而闻名。他不仅在资金上给冯如以援助，而且，协助冯如做一些技术工作。张南又名张道南、张檀南，是旧金山第九街367号中国餐厅的司理。他也具备一定的机械知识，很乐意帮助冯如的飞机制造事业。谭耀能只是在旧金山经营小本生意，他虽然不懂飞机制造，却对这项事业十分感兴趣，跟着冯如边学边干。这三位同道不是什么富豪，他们只是努力地省下一点钱，为祖国的航空事业做一点铺垫。相比华侨中大部分的观望者，他们的爱国思想和前瞻眼光实在令人称道。这几位出资人，加上朱竹泉，和冯如一样怀着同样的期待和梦想，这些年轻人一起开创着中国人历史上从未有过的飞天工程。

第二种方案一下子难以实现，事不宜迟，冯如决定按第一种方案把工厂先办起来。他和张南、谭耀能、黄杞，还有朱竹泉，一共只筹得资金（包括工具、材料等折价入股）1000元，于1908年5月，租得与旧金山隔圣弗兰西斯科海湾相望的、奥克兰东九街359号一座面积仅得80平方英尺的房屋为厂房，定名为广东制造机器厂。

厂名定为广东制造机器厂。叫制造机器厂，而不叫制造飞机厂，当然是为了保密。

至于人事安排，冯如执意当机器师，好集中精力搞研究，让黄杞当经理。黄杞本想推冯如当经理，见拗不过，就领受下来，但说，我实际上还是你冯如的副手，大事小事还得由你定。

奥克兰市东九街 359 号仅 80 平方英尺，即 20 多平方米。奥克兰与旧金山隔着一道圣弗兰西斯科海湾，在行政区划上虽是两个城市，其实由频繁来往的轮渡连着，就像同一座城市。

1908 年 5 月的一天，广东制造机器厂在喧闹的鞭炮声中揭牌了。奥克兰的华侨界头面人物都跑来庆贺，围观的人也不少。

致公堂的英文书记唐琼昌特地从旧金山赶来庆贺，他送了一份特殊的礼物，是一个叫谢缵泰的人绘制的《时局图》，图上画着代表俄、英、法、德、美、日等帝国列强的熊、犬、蛙、肠、鹰和太阳，它们贪婪而野蛮地扒住中国的大地，正在撕扯分食着丰饶而贫瘠的中国。

这是中国第一家研制飞机的工厂。年仅 24 岁的冯如，将成为中国研制飞机第一人。

中国的航空工业就此起步了。由于太寻常了，太不起眼了，以致后来发现了这一步对中国航空业的不朽价值和非凡意义，仍显得不起眼。

冯如这位年仅 25 岁的旅美华侨，怀着"壮国体，挽利权"的雄心壮志，和他的三位志同道合的助手黄杞、张南、谭耀能一起，决心以自己的努力，克服制造、驾驶飞机的一切困难，在航空科学领域上，与莱特兄弟、伯里利奥等当时的世界著名飞行家一比高低，在艰苦的环境中，开创中国前所未有的伟业——制造飞机。

冯如不但是我国第一个提出"航空救国"主张（发展祖国航空事业，以"壮国体，挽利权"，抵御外侮，拯救祖国），并为其实现而奋斗终生的中国人，而且是我国航空学术思想的先驱者。他于 1906 年"习机器，学于纽约工厂。十年，业既毕"之时，就对飞机提出了"军用利器，莫飞机若"的评价，并发誓："必身为之倡，成一绝艺以归飨祖国。苟无成，毋宁死！""1906年（从纽约）复回三藩市"时，又指出："当此竞争时代，飞机为军事上万不可缺之物，与其制一战舰，费数百万之金钱，何不将此款以造数百只之飞机，价廉工省。倘得千百只飞机分守中国港口，内地可保无虞"，和"中国之强，必空中全用飞机，如水路全用轮船"。这虽然是短短的百多字，却可算得上我国最早的一篇短小精悍的航空学术论文。这篇"论文"大致可以概括引申为下列两个方面：

第一，肯定飞机必将成为威力巨大的武器，在将来战争中必然担当重要的、不可替代的角色。它的加入，必然使传统的平面战争发展成为立体战争，引起战术、战略、国防设计的方向和重点等方面的重大变革。1906年，动力载人飞机还只有三年历史，作为一种新式武器所具有的潜力尚未为人重视。直到1920年，在第一次世界大战中担任美国欧洲远征军总司令的潘兴将军，还说从来没有过飞机曾经影响过一次战役的事实。而冯如远见于未萌，早于1906年，就以其独到的眼光，从飞机发展的趋势中，看到"军用利器，莫飞机若"的巨大威力，和在空中保卫祖国，"固吾圉，慑强邻"的重要作用，从而得出"飞机为军事上万不可缺之物"和"中国之强，必空中全用飞机"的结论。又从"制一战舰，费数百万之金钱"与"将此款以造数百只之飞机，价廉工省。倘得千百只飞机分守中国港口，内地可保无虞"进行比较，引导人们的国防观念和视野，从地面转向广阔的空间；帮助人们明确了在飞机出现以后，国防建设的方向和重点，应该放在航空建设上。意大利空军专家朱利奥·杜黑（Giulis Douhet）将军，于1921年发表了《制空权》一书，其中关于空军是未来战争的重要力量的阐述，被不少人认为是揭示空军本质及其在战争中作用的第一人。其实，冯如关于飞机的本质及其在战争中作用的论述与朱利奥·杜黑的阐述虽繁简不一，表述上也不尽相同，但论点则大致相同。而冯如这一思想的确立，并亲自为其实现而奋斗，则较朱利奥·杜黑早十多年。冯如无愧是中国，也是世界上最早的军事航空思想家之一。

第二，必须自力更生发展本国航空事业。冯如为"壮国体，挽利权"而致力为祖国研制飞机，务求"成一绝艺以归飨祖国，苟无成，毋宁死"的这一爱国思想，和他童年时在家乡，青年时在美国，目击帝国主义侵略祖国，同胞受欺凌、压迫的惨状有关。他深知依赖外国，靠购买外国飞机来建立和发展本国航空事业，不但得不到先进的飞机，还要俯仰由人，诸多掣肘。所以，他一开始就把发展祖国航空事业，置于自制飞机、自力更生的基础上。他以自己的航空实践和奋斗历史启示人们：要发展祖国航空事业，"壮国体，挽利权"，就必须建立自己的航空工业。我国自辛亥革命以来的30多年间，割据各地的军阀为了打内战，竟向外国购买飞机，不但利权外溢，而且无不被帝国主义操纵利用。历史事实完全证明了冯如的航空救国思想和实践的正确性，并为我们展示了航空救国应走的道路。

从以上两方面来说，冯如航空救国思想的基本含义可以理解为：在汲取外国先进科学技术知识的基础上，实行自力更生，切实掌握和运用飞机这一科学技术的最新成果，发展祖国的航空事业，带动全面的生产建设，以促成"壮国体，挽利权"的完全成功。他的这一思想，在我国航空发展史上起着积极的促进作用。

冯如知道，要在开创和发展祖国航空事业上取得广大旅美华侨的信任和支持，必须尽快把飞机制造出来。为此，冯如勤奋地学习和研究，刻苦研读了大量有关航空的科学文献，从最早试图飞行者的历史到最新的实验报告。此外，他还先后从《美国科学》《航空学》《航空器》《昆虫式飞机》等当时著名的航空科学书刊上，搜集了大批有关制造飞机的技术资料，剪贴成册，精心地进行研究。这些资料包括花曼（Far man）、哈门（Har men）、沃尔什（Walsh）、戴（Day）、华新（Vaisen）、伯里利奥（Bleriot）、莱特（Wright）、寇蒂斯（Curtiss）等多种型式的双单翼飞机的设计图和探讨这些型式的飞机的制造方法和介绍资料。通过当时的报道，我们就可以看出冯如的努力程度。美国《旧金山呼声报》（*The San Fran-cisco Call*）的记者弗兰克·巴特利特（Frank H. Bartlett）在题为《我将完成我的飞机并在中国飞行表演》的报道中说："冯如翻阅的科技论文数量庞大，堆积起来俨然成了一座图书馆。"可见，冯如当时是如何尽力地搜集丰富的资料和精心地进行研究的。

3
自力更生

　　白手起家，谈何容易，加上制作飞机的图纸资料被莱特兄弟的公司给垄断了，坚决不给其他飞机设计师查看观摩。其实，当初冯如在报纸上读到莱特兄弟做成飞机并试飞成功的报道后，第二天就去代顿城拜访莱特兄弟。

　　代顿城所属俄亥俄州，与纽约州相邻。到了代顿城四处打听，按人们的指引找到了莱特兄弟开的自行车工厂。莱特兄弟不在，莱特的妹妹凯瑟琳接待了他。一说是飞机的事，凯瑟琳以为冯如是买主，她热情地回答了冯如的询问，介绍了飞机的性能和驾驶方法，说飞机升降、转弯自如、安全可靠，并解释了飞机的制造原理和设计。凯瑟琳告诉冯如，刚试飞成功的这架飞机叫"飞行者"三号，此前还有"飞行者"一号与二号，分别于1903年和1904年进行了成功的飞行。还向冯如展示了一张双翼飞机的照片。冯如完全被迷住了。他盯着照片，很内行地询问起飞机的技术细节。

　　凯瑟琳忽然警觉起来。她重新把冯如打量了一番，问道，你是记者吗？冯如说，不是。凯瑟琳又语含讥讽地说，那你是警察局的警察？冯如明白了，说，对不起，我还没做自我介绍，我叫冯如，是纽约一家公司的机器师，我是来观摩学习的。凯瑟琳松弛下来，但瞬息又变得更加警惕了。凯瑟琳说，对不起，我不能跟你说得更多了，许多技术还不成熟，再说，这也是秘密。冯如试探着说，非常感谢，凯瑟琳小姐，我能去霍夫曼草原请教莱特先生吗？凯瑟琳摇摇头，说，他们很忙，他们无暇接受别人的访问。冯如原想去霍夫曼草原，但出于自尊和对莱特兄弟的尊重，终究没有去。

所以，冯如只能和助手朱竹泉、朱兆槐、司徒璧如一起自力更生，利用自己所学的空气动力学知识，自行绘制设计图纸。为了了解当时各国研制飞机的情况，以及吸取别人的长处，冯如把自己生活上节省下来的钱全部购买了报纸和杂志。他们起早贪黑，没昼没夜地干着，攻克了一个又一个技术上的难关。

事实上，造飞机绝不是照葫芦画瓢那样简单。冯如为了探索飞机的制造和驾驶技术，也曾反复地观察过飞鸟的飞行状态。他常对助手说，要飞，就要向飞鸟学习。冯如研读过大量航空技术及航空历史资料。他当然知道，飞机各部件都可以在飞鸟身上找到相同的部位，飞机的飞行与鸟类的飞行也有异曲同工之妙，但人要真正实现飞行，决不能单纯模仿飞鸟。他向飞鸟学习，是从鸟类的飞行中，探索飞机的制造和驾驶技术。有一天，冯如看到一只老鹰在空中平稳地飞翔，触动了灵感，便仔细地观看老鹰扑翼飞行、展翅滑翔的姿势，从这个天生的"飞行家"——老鹰那里获得了不少有益的启示。随后，他回到家里，找来一只白鸽，秤了它的体重，量了它的身躯和翅膀的长宽，从两者之间的比例推算其升力的大小。又仔细地观察了它的双翼，以及尾巴的形状和结构，然后在室内把白鸽抛飞，从近距离仔细观察其飞行时翅膀如何张开、翘起、弯曲、拍打和转弯时翼尖、翼边和尾巴如何运动等情形，领会到一架能够在空中平稳飞行的飞机，不但要有合理的外形、良好稳定的操纵系统，还要做到最大功率与最小重量的完美结合。可见冯如向飞鸟学习，并不像我国王莽时代的

"飞人"，或15世纪欧洲之唐泽（Dante）那样，仿制一双飞鸟的翅膀，把它"插"在人体上。如果是这样，除了翼折人伤之外，是永远飞不起来的。这样的失败事例，在航空史上有的是。冯如向飞鸟学习，是从鸟类翅膀的外形及其与飞行的关系中，去探索鸟类飞行的机制，探索制造飞机的方法。

为吸取其他飞行家的成功经验，加速飞机的制造进程，冯如从搜集到的大量制造飞机的技术资料中，经过分析比较，选定莱特型双翼飞机为自己设计主要参考蓝本，同时参考伯里利奥、花曼等当时著名飞行家的飞机图则，经过数月的潜心研究，在融会贯通、博采众长的基础上，先成功绘制一张包括飞机的整体结构和各个零部件的设计图，再按设计图制成精确的模型，然后按模型制成飞机。由于飞机模型是具体而微缩的制造飞机的样本，所以冯如在制作上特别注意，对木材的加工、骨架的检验、重心的调试等，都经过精心处理。

在冯如研究飞机制造技术的同时，世界航空事业在跑步发展。

法国人科努驾驶他本人设计的直升机试飞成功。英国首次举行空中飞行活动。英国人支雷发表论文指出，鸟在空中飞行，升力来自空气的阻力，因此，飞机只要在空中获得推进自身的能量，就能在空中持续飞行。

莱特在欧洲的飞行表演，引发了汹涌的航空热，终于引起美国政府的重视。1908年9月10日这天，美国政府第一次出面组织飞行表演。弟弟奥维尔飞得十分出色。莱特兄弟的人气在欢呼声中一下子蹿上了云空。

这些消息形成了巨大的推力，像烈火、洪水一样追着撺着冯如，追撺得他头发凌乱、身体消瘦、眼圈发暗，但又精神百倍、干劲十足。

近日，报纸上说奥维尔·莱特在华盛顿附近的梅尔堡做两人同载试飞时不幸坠地，奥维尔·莱特负重伤，同乘的汤玛斯·塞夫利奇中尉不幸遇难。

看到这个消息，冯如为莱特兄弟难过，同时又想，制造飞机不是上帝赐给莱特的专利，只要用生命做抵押，不顾一切地去追求，莱特兄弟能造出飞机，我也一定能！

冯如有理由自信。他已是闻名遐迩的发明家和工程师，他出众的才华不仅成为奥克兰、旧金山乃至美国西部华人的骄傲，也得到了当地业界乃至政府的承认。

4
技术服务社群

冯如在奥克兰致力研究制造飞机的同时，仍然保持与当地华侨的密切联系，并用他的机器技术为当地群众服务。他制造了大批有线电话，在奥克兰华人聚居地区——唐人街建起了电话通信网，使当地华侨能够方便地互相通话联系。

冯如还制造了一批无线电话，使奥克兰唐人街华侨能够方便地与邻近城镇的华侨通话联系。例如，冯如有两个同乡，一个住在奥克兰第十六街，一个住在伯克利市（位于奥克兰之北，邻近奥克兰）。他们三人天天都使用无线电话互通信息。

无线电由于到处可通，随时可达，无声无色，无迹无形，在当时旅美华侨和美国广大群众心目中，充满神秘感。冯如为了在当地传播无线电报知识，于 1908 年前后，制造了无线电收发报机多架。这是中国人制造的第一批无线电收发报机。这些无线电收发报机收发灵捷、准确，性能优越，能够与千百里外的圣地亚哥、洛杉矶（在加利福尼亚州）、西雅图（在华盛顿州）、波特兰（在俄勒冈州）等城市通信。冯如常用这些无线电收发报机作通信表演。这些无线电收发报机，迄今仍有部分为国外的科学文物机构收藏。

后来，1909 年 9 月 21 日的《旧金山呼声报》回顾了他的这一段经历。

冯珠九的知识，来自他八年来在电厂的工作实践，和晚上对有关科学技术书籍的研读及科学试验。他在研读有关科学技术书籍之前，需要借助字典，先把这些书籍译成中文。他很少在深夜三点之前睡觉。他在科学技术上取得的进步，是以非凡的勤劳和毅力为代价的。在美国奥克兰唐人街他的小小工作室内，放置着很多经过他改进的发电机和优良的无线电报机。几个月来，他就是在这间长不足十英尺、宽不足八英尺的工作室内进行工作、研究和睡觉。

在人们眼里，冯如已然是无线电报机的技术权威。这其中，还发生了一个小插曲：

1908 年，奥克兰的一群骗子编造了一间无线电报机输出股份有限公司。这间公司的发起人公告招人入股，又派人四处兜售股票。冯如由于是这方面的技术专家，因此，受委托查核该公司的生产设备。他很快就发觉这间公司虚报事实，它只有一架无线电报机，不可能生产无线电报机。冯如出于维护公众利益的考虑，向奥克兰市警察局举报，逮捕了这些骗子，阻止了这一案件的发生。

事情的经过是这样的……

这一天，两名市工商管理部门的人来找冯如。来人说，最近有一伙人说要办无线电报机输出公司，现在正四处兜售股票，招人投资入股。但据我们所知，这伙人并不具备生产无线电报机的资质。您是这方面的专家，我们想请您帮助核查一下，看他们的设备是不是真的能生产出无线电报机。

冯如跟着他们来到一座楼里。走进二楼一间很大的房间，只见几张工作台上堆放着一些电信材料，却不见用于制造零部件的设备。冯如一眼就看明白了。

　　管理人员上前询问，一个老板模样的人从容作答，然后指着一台无线电报机，说这就是他们的产品。

　　冯如一眼就看出这是自己的产品。他知道这都是些什么人了。他不动声色地说，你能说说这个电报机的性能吗？

　　当然。大概见是个华人，骗子目光轻蔑地打量着冯如，嘴里把电报机的优越性能夸赞了一番。

　　他不知道，他背的说明书和广告词，正是眼前这位华人写的。

　　骗子挑高了眉梢，挑衅性地对冯如说，听明白了吗，中国先生？

　　冯如腾的火了，他重重地坐下，打开电报机，"嗒嗒嗒"地敲着键盘演示起来。

　　骗子面露惊愕，又迅即藏起惊愕的神情，环顾左右，把表情改成得意的微笑，意思是说，这电报机的性能，你们都看到了吧。

　　突然，冯如关掉机器，从随身带的皮箱里拿出工具，三下五除二把电报机拆解开来。

　　然后对骗子说，请把它装上吧。

　　骗子慌了，头上冒出汗了，脸早憋成了猪肝色。但到底是个老手，他迅速用满脸怒火去掩饰紧张和狼狈，挥舞着双拳大嚷，你赔我的机器，你弄坏了我的机器，你得赔我的机器！

　　冯如冷冷一笑，又手脚麻利地把电报机装上。

　　骗子没了底气，胡乱应对着管理人员的询问，声音像抽去了筋条，眼睛却像刀子般时常从冯如的脸上划过。

　　事后，两位管理人员客客气气地把冯如送回住处，请冯如尽快写出一份核查报告。

第二天一早，冯如就向工商部门提交了核查报告。

警察局随即派人搜查了这个所谓的公司，揭穿了骗局，逮捕了这伙骗子。

1909 年 9 月 21 日的《旧金山呼声报》也回顾了这个故事：

一年以前，一群骗子组织了一间无线电报机输出公司。这间公司的发起人和同谋者已经派出代理人向外兜售股票，招人投资入股。冯珠九是唯一的一个被授权检查这间公司机器设备的中国人。他很快就识破了这个骗局，并告诉了警察。警察随即搜捕了谎称拥有无线电报机而出售股票的这群骗子。

这是冯如超越于他同时代的一些科学家的地方。他不仅是一个为人类谋幸福的科学家，而且，是一个乐于服务社群、勇于为正义和真理而战斗的人。

5
"飞机不成，决不归国"

万事开头难。在按模型进行施工制造飞机的过程中，由于资金不足，无法购置足够的机器设备，给冯如带来了极大的困难。飞机的大小零部件只能靠简单的工具和手工操作来完成，既事倍功半，又影响工艺质量。这时，冯如的父母妻子因冯如离家多年，且家中妻子尚未有身孕，屡促其回家团聚，好开枝发叶，以免后嗣乏人、香灯无继，并慰解家中各人离别日久，一家团聚的渴望。同时，也有人劝冯如乘回国省亲之便，向清政府求助，在国内设厂研制飞机，既可与家人团聚，又便于发展祖国航空事业。冯如说："为祖国制造飞机主要靠我们自己，国内目前也缺乏研制飞机的条件，试看我们的四邑（广东省的恩平、开平、台山、新会四县）同乡余焜和（开平人，旅美华侨），于1907年（光绪三十三年）回国筹备设厂制造汽艇（飞船），得不到清政府的支持和允许，不就是很好的教训吗！"冯如复信婉言劝慰家中的父母妻子，并毅然宣布："飞机不成，决不归国。"

当然，冯如并不是不想回国与家人团聚，并不是没有想过带着自己的技术回国从事飞机制造，但冯如已看透了腐朽的清政府，对其不再抱有任何期望。

事实上，清廷在风雨飘摇的最后几年里，也未曾不想利用飞机等先进的军事装备来维护其封建统治。当光绪帝与慈禧太后在1908年相继去世后，3岁的溥仪登基，其父载沣则以摄政王身份执掌朝政。载沣接受军咨府的提议，决定兴办航空事业，发展军事航空。但是，当时的清政府十分迷信外国，认为只有外国人才能发明飞机。因此，对冯如这样自己研制飞机的华人，清政府在一开始似乎也是看不上眼的，只想着从国外进口。

1910 年，摄政王载沣先是批准了学生厉汝燕官费留英学习飞机制造和驾驶技术，又电召在日本的留学生李宝峻与刘佐成回国制造飞机。李宝峻号焜甫，福建人，光绪末年留学日本，研究理化，精心钻研飞行技术。刘佐成也是福建人，他原是前清秀才，后留学日本早稻田大学。他和李宝峻既是老乡，又是同学，在日本一起研制飞机，学了不少航空知识。应清政府的邀请，他们二人决定回国设厂制造飞机。二人回到北京后，清廷军咨府立即拨款在北京南苑虎甸毅军操场，建筑厂棚，并从日本买来机件，让他们试制飞机。李宝峻还是中国航空学的先驱，1910 年在《东方杂志》上发表了中国第一篇航空学术论文《研究飞行报告》。他重视各种问题的研究，如风气之力（空气动力）、活机（发动机）、向后焚烧而推前（喷气推进）、螺丝车拨（螺旋桨），以及机体之广宽（每单位重量的翼面积）等。特别是他对喷气推进理论的预见很有见地，比 20 世纪 40 年代喷气飞机的出现早了 30 多年，十分难能可贵。

1911 年 6 月，李、刘合作试制飞机成功，这是中国在国内制成的第一架飞机，但飞机因发动机损坏而在试飞时坠落。除了国人自己的尝试，外国人来中国的飞行表演也大大刺激了清政府。1911 年（宣统三年）春，法国人环龙在上海做国内首次飞行表演，湖北驻军第八镇曾派工兵营管带王永泉到上海参观。当看到外国先进的航空水平后，湖广总督下令着手研制飞机。可惜清廷大势已去，革命军不久就在武昌发动了起义。清政府的飞行梦也随之破灭了。不过，不愿为清政府服务的冯如早已在两年前（1909年）为中国人书写了首飞成功的历史。

第五章

声名鹊起

1
首飞成功

　　冯如经过一年多的艰辛劳动，终于在 1909 年 9 月初制成一架可以载人飞行的动力飞机（后来有学者将其定名为"冯如一型飞机"）。这架飞机基本上是仿莱特式飞机的鸭式布局，有两只机翼，分别装置于机身的上下，两只机翼的大小相同，长 25 英尺，宽 6 英尺 3 英寸。同时，"冯如一型飞机"又借鉴了其他类型飞机的优点。譬如，上下两翼的支柱像法国花曼Ⅲ型，不见副翼，方向舵与莱特式十分相似，尾部撑杆则近于寇蒂斯型飞机。这架飞机装配有一座六马力的气冷内燃机，其螺旋桨则依靠发动机转动轴带动链条而旋转，与莱特飞机的设计相同。而这架飞机与其他飞机最大的不同之处则是机身下设计了四个轮子用来起飞和着陆，即起落架与莱特型飞机的滑雪橇形不同。可以肯定这是冯如自己的发明，而且，直至今日的飞机也一直沿用了类似的起落架形态。据 1909 年 9 月 23 日美国《旧金山呼声报》的《中国人驾驶自制的飞机在空中飞行》记载，"这架飞机有两只机翼，像普通双翼飞机那样，分别装在机身上下。两只机翼的大小相同，同为长 25 英尺，宽 6 英尺 3 英寸。发动机为一座 6 马力气冷内燃机。……飞机的两只主翼之间，靠近方向舵地方，增加了一只副翼……使方向舵能更有效地工作"。又据 1909 年 9 月 21 日美国《旧金山呼声报》的《中国人准备飞行》报道，这架飞机的"起落架得到改进"。这个经过冯如改进的、机身下的起落架，并没有仿照莱特型飞机那样，造成滑橇形，而是设计成像啄木鸟爪的形状，起落架的四条支柱末端各装有车轮一个。在当时，这是一架小（轻）型飞机。

在飞机接近完成时，冯如公开声称，他将于最近几天前往奥克兰南郊匹满（Piedmont，又译派德蒙特）高地的伍·吉·典梓农场试飞，创造中国人的飞行纪录。

当做好了一切前期工作后，中国人一飞冲天的那一刻到来了。1909 年9 月16 日，冯如和他的三位助手——黄杞、张南、谭耀能，在奥克兰东九街 359 号工厂门前，冯如与黄杞、张南、朱竹泉、谭耀能，还有尼里，几个人把装着飞机构件的木条箱往马车上搬，艰难地把飞机运到该农场，在那里完成了飞机的最后装配工程，准备正式试飞。

1909 年 9 月 17 日傍晚，冯如驾驶这架飞机飞上了四分之三英里的高空。在行将着陆时，飞机发动机的气冷装置由于过热而停止工作，冯如来不及操纵飞机着陆，飞机即失控坠落地面，起落架的一个车轮与地面碰撞损毁。这可以算是冯如在正式试飞前，为检验飞机装配是否完善无误而做的一次试验。由于起落架的一个车轮损毁，需要派人回广东制造机器厂另取一个车轮来替换，他们只好留下两个人，张开一个面积仅六平方英尺的帐篷，守在飞机的旁边，以防路过的不法之徒将飞机毁坏。

无独有偶，世界上最早的飞行家韦伯·莱特和奥维尔·莱特兄弟，于1903 年 12 月 17 日，在美国北卡罗来纳州基蒂霍克沙丘第一次正式试飞之前两日，由韦伯·莱特做了一次试验性的飞行。这次飞行，起飞后仅前进了 100 多米，就摔在地上，把机翼撞坏了一部分。驾驶员韦伯·莱特也和冯如一样幸运，没有受伤。

上次试飞失败后，冯如就地对飞机加以改进，再行试飞数次，均无进展，于是撤回至奥克兰的工厂，对飞机做大的调整。此时经费已告罄，他们只得一边制造机器设备出售，一边研制飞机，进展艰难缓慢。正当此时，黄梓材从家乡返回美国，拿出一笔钱，使冯如能够集中精力研制飞机。几个月一晃而过，按照新的设计制作的构件全部完工，冯如准备再度出征匹满高地。

冯如绕着马车，仔细查看木条箱是否摆放稳当，绳索是否绑牢。就见一高一矮两个美国人迎上来，同他打招呼。

两位来客递上名片。一位供职于《旧金山呼声报》，另一位是《旧金山考察家报》记者。

寒暄过后，就进入了正题。高个儿记者问："您认为这次飞行能成功吗？"

冯如微微一笑说："飞机是当今世界最先进的科学发明。科学是试出来的，所以，在成功之前不能妄下结论，但是请相信中国人的智慧。在历史上，中国人的科学发明曾走在世界的前列，西方人能搞成功的东西，中国人也一定能搞成功。"

两位记者相视一笑，高个儿记者又问："这么说，您是要同莱特兄弟一比高低喽？"

冯如很坦然地说："近百年来，中国的科技发明落伍了，我们正在努力学习和追赶。就像中国的火药、指南针和活字印刷为西方所用一样，我们也要学习西方先进的东西，比如我的这架飞机，就是在莱特型飞机的基础上经改进制成的。"

高个儿记者仍追问："这么说，您的飞机要比莱特型飞机先进了？"

冯如说："科学技术不是第二个都比第一个好，但总是想根据前人的经验做得更完善。我的这架飞机也力图体现我的想法，比如，主要部件的配置和接驳工艺，都与莱特型飞机有不小的区别，特别是起落架，由滑橇式改为车轮式，是一种全新的设计。"

一直在做记录的矮个儿记者这时抬起头来问："制造飞机耗资巨大，而且很可能失败，这意味着投入的钱将无法收回，不知冯先生得到谁的资助？"

冯如说："我的旅美同胞都非常爱自己的祖国，只要做对祖国有益的事，他们都会倾力相助。"

高个儿记者对冯如说："就在一个多星期前，我们报纸登了法国人勒费尔驾驶飞机失事的消息。驾驶飞机试飞是极危险的，难道您不担心吗？"他蓝幽幽的眼睛真诚地等待着冯如的回答。

冯如不假思索地说："飞行就是在生死线上试锋。然而，科学要进步就必定要付出代价，甚至是付出血和生命。"他加重语气说，"我还是那句话，科学是试出来的，为了能为我的祖国掌握航空技术，即使面临粉身碎骨的风险，我也在所不辞。"

1909 年 9 月 21 日，这一天，是中国人在天空第一次留下飞机身影的日子，是中国航空史上创世纪的日子。

傍晚，海风像冯如期待的那样渐渐增强。众人把飞机推上了一座土丘。土丘西面不远，是海湾，海湾以西是一望无垠的大洋。鲜蓝透红的天空上，云压得低低的，仿佛在燃烧。

登上土丘，头发和衣袂在海风中飞舞的冯如仿佛也燃烧起来。

黄杞、张南和朱竹泉一起发力推动了飞机。飞机向土丘下方冲去，越来越快，越来越快，冲到地面又滑跑了一段，轨迹便像一个放大角度的

"U"字，离开大地飞向天空。

飞起来啦！飞机上天啦！

冯如驾驶着经过检验和更换了新车轮的飞机，冒着强风，在伍·吉·典梓农场崎岖不平的地面上起飞，围绕着一座小土丘，作椭圆形航线的绕空飞行，飞机爬升到大约 15 英尺高，就改成平飞，高度保持在10—15 英尺。冯如吸取之前试飞的教训，不急于飞得更高，在未经试飞证实确属安全之前，冯如不打算冒太大的风险、做更高的飞行，他要像涉过急流一样，一步一步试探水的深度。他不惜玩命，但不为玩命而玩命，他要为自己的工作负责，为支持他的同胞负责，为他对祖国的承诺负责。他以土丘为圆心，操纵飞机做椭圆形绕空飞行。飞机飞行了一圈，航程约半英里（合 804.65 米），表明这架飞机具有良好的飞行性能，能够如意地进行操纵。

当时《旧金山呼声报》的记者乔治·格·卡拉肯报道了飞行的盛况：

在这次成功的飞行中，冯珠九坐在他自制的飞机上，用安全带把身体扣紧在驾驶员座位上，随后启动发动机，飞机便像飞鸟那样，优雅地飞离地面，冲向天空，飞翔在奥克兰附近的田野上空。发动机强有力的轰鸣驱动着飞机像充满生机的飞鸟那样翱翔，四十分钟后，发动机停止运转，螺旋桨停止转动，飞机微微倾斜，顺利地降落在地面上。

2
一万匹马力

强劲的海风忽地遇到倒流，有些紊乱，飞机打了个趔趄，迅即又稳定下来。冯如镇定而机敏地操纵着飞机，胸口贴着机身，感到机翼像钝刀子一样费力地切开柔韧的空气。

飞机转了一圈，回到起飞点的上空，冯如准备驾驶飞机转弯。这时，螺旋桨突然停止转动，飞机倏然停住，头高尾低，转着圈往下坠落。

哎呀！人们同时发出一声惊呼。空气猛地凝固住了。头高尾低的飞机转了几圈，"哐"的一声，位于飞机尾部起落架支柱的两个车轮与地面碰撞，起落架弯曲变形，重重地坠到了地面。

刹那间，坠落的惯性和撞击地面的反弹力把冯如从飞机里抛出，他蜷曲着像一只刺猬，就势在地上做了个侧滚。冯如动动手脚，知道自己没伤到筋骨。幸因只有十多英尺高，冯如没有受伤。他顾不上多想，马上爬起来跑过去关掉了发动机。

人们已聚到了他身边。黄杞紧张地搓着手说："先别动，快看看没伤着哪儿吧。"

冯如笑着说："放心吧，有老天爷保佑呢。"说完，他开始专注地检查飞机，很快找到了症结所在。

事后检查，螺旋桨停止转动，是因为连接传动轴和螺旋桨的螺丝拧得过紧，致使工作不久即发生断裂，不能传动所致。飞机虽然坠落在崎岖不平的地面，但除了起落架弯曲变形外，其他部分并没有损毁，说明了飞机的结构牢固，各个零部件设计合理，飞机坠落只是因为装配上的问题。

搞清楚状况后，冯如胸有成竹地给大家解释："你们看，刚才飞机出故障，是由于连接传动轴和螺旋桨的螺丝拧得过紧，致使交接处发生断裂，螺旋桨停止转动。这说明我们缺乏经验，同时又说明我们成功了！"

见大家疑惑不解，冯如指着飞机尾部的起落架，兴奋地说："这两个起落架都弯曲变形了，但飞机整体并未受损，各个零部件也没损坏。这说明什么呢？说明飞机与地面撞击得很厉害，而飞机的结构是牢固的，说明出故障只是装配上的局部问题。我敢说，只要稍加调整修理，这架飞机明天又能飞上天空。"

大家僵住的脸都化开了，连连点头称是。

冯如愈加兴奋地说："我们的飞机在空中飞行了半英里，飞行性能和操纵系统良好，说明飞机各个零部件是合格的，飞机的整体设计和配置是合理的，是成功的。这最重要！"

"是呀，我们造出的飞机成功了。我们华人自己能造出飞机了。"大家都兴奋地说。

"祝贺您，冯如先生。"早已等在现场的高个子记者凑上来说："我为您的成功感到高兴。冯如先生，您能对这架飞机做一个简要地描述吗？"

"当然。"冯如说："正如你们看到的，这是一架鸭式布局的双翼飞机。每只机翼长 7.2 米，宽 1.9 米，面积 29 平方米，发动机为一台 6 马力的内燃机。"

"那么，您能将今天的飞行与莱特兄弟的第一次成功试飞做一个比较吗？"

"你们看到了，我今天飞了 800 米，莱特兄弟那次飞了 260 米。"

"是不是可以说，在航空领域，你们中国人已经把美国人抛到后面去了呢？"

"不，不能这么说。莱特兄弟的那次飞行是人类历史上第一次有动力、可操纵的持续飞行，具有开创性意义。而且，那是在 5 年前。他们如今飞得更好了。"

"不，不，对于东方，我们认为您也是开创性的！您下一步将做怎样的打算呢？"

冯如说："我们准备在这架飞机的基础上，再研制一架飞机。发动机用 50 马力的，并用钢管和中国丝绸做支架和机翼，新飞机将更加坚固结实。"

说到这里，冯如的眼神里充满了坚定和自信："我还有一个愿望，我希望能把飞机带回祖国，在我老家广东试飞。"

"好！好！"众人使劲地鼓起掌来。

冯如选在有强风的时候，而不等待风势平缓的时候飞行，看来是吸取了莱特兄弟首次正式试飞的宝贵经验："强风会使飞机飞行时较为困难，但也可以使降落时较为缓慢和安全。"如果不是因为飞机在装配上有缺点，致螺旋桨突然停止转动，冯如的首次试飞，应该是可以顺利着陆的。

瑕不掩瑜，冯如完成了中国人第一次飞行，他的功绩留在了历史的档案里。而这一次成功，不仅让当地的华人华侨为之振奋，也引起了美国社会的轰动。早在冯如试飞之前，《旧金山呼声报》就以《中国人准备飞行》为题简要报道了冯如研制飞机的经过，以及预期的试飞时间和地点，同时，还将冯如与当时世界最杰出的飞行家莱特兄弟、拉曼等相提并论，认为这个年轻的中国人在创造奇迹。

冯如试飞的第三天，也就是 1909 年 9 月 23 日，《旧金山呼声报》和《旧金山考察家报》分别在头版做了重头报道。前者以特别快讯推出，标题是《中国人驾驶自制的飞机在空中飞行》，《旧金山考察家报》的标题则是那天没有得到冯如认可的提问，《在航空领域，中国人把白人抛在后面》。同时，还配发了两幅照片，一幅是飞机全貌，另一幅是冯如的工作照。图中冯如身穿背带工装裤，正用扳手拧紧后起落架上的螺丝。两篇报道都以中国人为核心词语，准确地抓住了事件的意义所在。新闻在旧金山、奥克兰乃至更广大的地区引起轰动，尤其在华人群体中引起的反响，绝不亚于一万匹马力。报道还介绍了冯如计划制造的另一架性能更优越的飞机。这架计划建造的飞机，将以钢管作支架，中国丝绸作蒙布，装备 50 马力的发动机。这些报道大大地鼓舞了旅美华侨投资支持冯如发展祖国航空事业的信心和兴趣。当时，孙中山先生看到相关报道之后，由衷的发出"吾国，大有人才矣"的感叹。此扬眉吐气的事件震动了侨界，好评如潮，鼓舞了海内外华夏儿女的爱国思潮。

当然，最为激动兴奋的还是中国人，当消息传回国内时，许多报刊纷纷撰写专稿对冯如其人其事进行报道。如《广东劝业报》1909 年第 75 期刊登了题为《华人制造之神妙》的文章，对冯如的聪明才智大加赞赏，称其脑力过人，不亚于先哲。此外，《东方杂志》第 6 卷第 12 期（1910 年 1 月 6 日出版）的《陆军飞球专队预备法》，以及第 7 卷第 4 期（1910 年 6 月 2 日出版）的《杂俎·冯如在旧金山试飞》等文章也简要介绍了冯如试飞的经过。

冯如 1909 年 9 月 21 日的首次试飞，距离美国莱特兄弟揭开世界动力载人飞行史第一页的时间还不到 6 年。当时，世界航空技术虽然尚在初级阶段，但也已开始出现飞机制造与飞机驾驶的分工。如 1911 年应华侨革命飞机团聘请，随团到中国服务的美国人威尔霍斯（Wilcox），便是一个不会驾驶飞机，只会制造、修理飞机的著名飞机工程师。当时的飞机制造家多数同时又是驾驶员，但他们多数只是制造机身，发动机多是买来的。而冯如不但自己设计制造飞机和发动机，同时又是驾驶员，可算得是全能飞行家。试飞虽坠落地上，但已飞行了半英里，远远超过世界最早的飞机师莱特兄弟第一次试飞航程 260 米的成绩，为中国动力载人飞行史写下了光辉的第一页。

冯如首次试飞坠地后，他的助手为他的安全担心。冯如却坦然地说，要想飞上天，唯一的途径只能是博采众家之长，先把飞机制造出来，再在飞行实践中不断改进，逐步完善，飞行哪能不担风险？

冯如和莱特兄弟一样，既是飞机工程师，又是飞机驾驶员。这种全能的素质，一方面说明当时的航空事业还处在初级阶段，分工不似今日明确；另一方面也充分显示了这些为人类学习飞翔的先驱们拥有无畏的勇气和决心。尤其在早期的飞机研制阶段，很多技术不成熟，发生空难的危险概率相当高，但冯如从来都自己承担起这可能的风险。即使首次试飞从高空坠地，他也没有退缩过，因为他觉得制造飞机哪能不担风险，要想得到绝对的安全，就只能站在地上仰首看鸟飞了。冯如获得了成功，为中国龙插上了翱翔的翅膀，他也当之无愧地成为中国航空事业的创始人。

1909 年 9 月 22 日早上，冯如和他的三位助手一起，把飞机拆卸装箱，运回奥克兰他们的小工厂内，并宣布计划制造一架机体更牢固、发动机马力更强大的飞机，在祖国的广东省上空飞行。在 1909 年 5 月 23 日的《旧金山呼声报》上，美国人弗兰克·巴特莱向人们揭示了冯如的决心："冯如始终相信，诸如蒸汽机和电报机这些西方先进科技产品一旦推广和普及，落后的中国就能像当今的欧美大国一样，工厂林立、火车轰鸣，走上一条富强的道路。"

"等到我的飞机完工"，冯如说，"我将引领中国进入电气时代。"

3
筹股建公司

当初在美国制造飞机时，冯如凭着华侨黄杞、张南、谭耀能 3 人所筹资金及自己的积蓄共 1000 多美元，筹办了一家制造飞机的工厂，称"广东制造机器厂"。正是这家位于奥克兰东街 359 号的工厂，为冯如在美国制造飞机提供了基本的设施；也正是这间不足 80 平方英尺的"厂房"，成就了中国人的飞天梦。当冯如的飞机成功试飞后，旧金山的各大报纸纷纷报道了这一壮举，而当地的华人华侨也被冯如的能力和魄力深深地折服。因此，当冯如再一次为中国航空事业募集资金时，他得到了广大华人华侨的积极响应和支持。

1909 年 10 月，在原先的广东制造机器厂基础上，冯如与黄杞、张南、谭耀能联合旧金山的工商企业家黄梓材、刘一枝、朱竹泉等，成立了广东制造机器公司。这间专门研制飞机的公司，是中国人自己创办最早的飞机公司。

创办企业制造飞机，冯如不仅在国内首开先河，即使在世界上也是名列前茅。世界上的第一家飞机公司，是由布莱里奥和瓦赞在法国巴黎比扬库尔的菲尔姆大街上开办的，爱德华·叙尔库夫航空工厂。它实际上是由一家制作风筝和滑翔机的作坊演变而来的。真正形成正式的公司是于 1906 年 11 月 5 日在原址上开业的费尔雷·瓦赞飞机公司。

美国的第一家飞机公司是由奥古斯塔斯·赫林（Augustus Moore Herr-ng，1867—1927）与寇蒂斯，于 1909 年 3 月 20 日合办的赫林·寇蒂斯公司。

英国的汉德利·佩奇于 1909 年 6 月 17 日，创办了世界上首家公开招股的汉德利·佩奇飞机制造公司。但当时该公司主要生产螺旋桨和飞机附件。真正造第一架飞机"蓝鸟"的时间是 1910 年 5 月 26 日。

在德国，由荷兰人福克开办的第一家福克航空公司开设于 1912 年 2 月 22 日。但在当时还属于家庭筹资，真正形成较大的福克飞机工厂是在 1913 年 10 月 1 日。

意大利的阿斯泰里亚工厂成立于 1909 年 11 月，但当时主要生产发动机，而组装第一架法尔曼飞机的时间是 1913 年 5 月。

俄国人梅勒（Y-A-Meller）于 1894 年在莫斯科创建了杜克斯合股公司。1910 年引进法国法尔曼专利，开始生产飞机，成为当时俄国最早、最大的飞机公司。

1919 年 12 月，退役的海军大尉中岛知久创办了中岛（Nakajima）飞机有限公司，这是日本较早成立的一家飞机公司。

日本的川崎（Kawasaki）重工业公司，虽然在 1918 年就设立了飞机分厂，但开办独立的飞机公司是在 1937 年。著名的三菱工业公司是从 1920 年开始生产飞机的。

可以看出，大多数国外的老牌飞机公司都比冯如的公司晚出现 10 年左右，只有极少数（如寇蒂斯和汉德利·用奇）与冯如同年起步。

受冯如的影响，檀香山华侨杨著昆（杨仙逸父）等，于 1913 年（一说 1915 年）创办中华飞船公司。1918 年，华侨杨仙逸在旧金山创办了图强飞行公司。

冯如所在的历史时期，正是国内民族资本在外国资本与清政府官僚的阻碍下艰难创业的阶段。在此时代背景下，更加凸显了冯如的敏锐与胆识。

在同年的 11 月，莱特兄弟在美国小城迪顿成立了"莱特飞机公司"，进行飞机的研制。但相比莱特兄弟，冯如成立公司所面临的困难要大得多。首先，莱特兄弟在筹股之时得到了美国许多大银行家和实业家的支持，他们拥有数额庞大的启动资金；其次，莱特兄弟在航空领域的研究和发展得到美国军方的支持。而这些对于冯如来说都是难以企及的，但他没有放弃，至少还有支持他的同胞。这些可敬的华侨为了祖国的航空事业，把自己辛辛苦苦攒下的一点点积蓄捐出来。黄梓材和刘一枝就是积极募款帮助冯如筹备公司的两位热心华侨。黄梓材在美国加州经营农场和商业买卖，有一定的资本实力。他除了自己先后投入股份240股外，还奔波于美国西海岸各个城市包括波特兰、旧金山和西雅图等地的华人聚居区，发动华人华侨为冯如新设立公司投资，招得优先股东14人，共投资优先股1218股。刘一枝在美国旧金山经营"大光书林"商店，他受朱竹泉的影响，也决定投入360股筹办广东制造机器公司，成为该公司股份最多的股东。此外，他还发动其他华侨投资，募得优先股1126股。黄、刘二人在筹办广东制造机器公司的过程中，起到了重要的支撑作用。而冯如的徒弟朱竹泉也是煞费苦心，积极参与筹备工作。他远赴洛杉矶等地，招募到优先股东26人，投资优先股2182股；普通股东15人，投资普通股145股。他是广东制造机器公司募得股份最多的创办者。

公司的创办者共同拟定了《广东制造机器公司试办飞船招优先股简章》，招募优先股东，筹集资金。《广东制造机器公司试办飞船招优先股简章》声明，优先股"每股收银一元，先造飞船二只，至飞船成功，声名昭著，随后招集大股，在祖国择地设厂，或专造飞船，或兼造各种机器"。可见该公司在成立之初，就已在为今后归国发展航空事业做准备。

为了保障优先入股的股东利益，公司章程还规定在成立前所入的股

份在日后以 1∶5 的比例兑换，也即"每一元作五元"，以此在公司成立之
初吸引资金。待日后飞机制造并试飞成功，其所得各项收入除了一部分作
为继续发展的公司公共资金外，将被分成十份，"以七份归优先股东分派，
以三份归各创办人及工务人所得"。这一制度秉承公平、公正，并照顾那
些无股金却出力甚多的老员工们。同时，公司的收支账目均有明确记录，
每次动用资金，都需要冯如、黄梓材、刘一枝和朱竹泉四人共同签字才
能提取。与之前的飞机制造工厂不同，这次筹股所建的公司无论在股东人
数上还是资本上均翻了几番。管理这样一个人数众多的股份公司，正需要
这种简明而缜密的规章制度。而且，冯如并没有因为自己所获的成就而贪
功，他在新成立的广东制造机器公司里只担任了总机器师，并没有负责行
政事务。在冯如看来，没有什么比制造飞机这个事业更重要的，尽管事实
上他是这个公司的核心，但他从不为自己谋私利。"本公司总机器师冯如
制造飞船，日后禀请政府查验，如准给专利权，归本公司所有。"冯如从
来没有想过要将这个专利据为己有，为己谋财，将飞机制造成功以此报国
才是他最大的心愿。冯如创办广东制造机器公司，是为了实现"成一绝艺
以归缴祖国"，"壮国体，挽利权"，是为了中华民族的复兴。

由于得到当地华人的广泛支持，再加上公司的章程缜密和运作井井
有条，并以广东制造机器公司试办飞船招优先股名义，公开招集优先股东
及股金，得到旅美华侨的积极支持，截至 1910 年 2 月 19 日，共收到第一
期股金 5875 元，参加入股的股东 67 人，并于 1910 年 3 月 7 日召开股东
大会，选黄梓材为总经理，负责经营管理；冯如为总机器师，领导技术工
作。同时，选出议事值理、司数员等公司职员。

4
攻克难关

　　冯如造飞机，不是投机，不是赶时髦，也不是单纯地为了赚钱，而是要脚踏实地地为祖国造出性能优越的飞机。所以，冯如主持广东制造机器公司技术工作后，着手制造机体牢固、马力强大、性能优越的飞机。在飞机制造上，冯如一向信奉中国的一句格言："工欲善其事，必先利其器。"广东制造机器公司成立后，资金比较充裕，冯如有了把这句格言付诸实施的条件。他除了尽可能地按照规划来布置工厂外，还购置了价值2925元的车床等机器，还有虎头钳、装钉和分割木材用的大型长木凳、钢锯、大挫等大小生产工具。

　　由于人员和生产设备较以前的广东制造机器厂有了增加，在生产组织上也有了分工和改进，制造飞机的工作进行得很顺利，这时候，冯如心想接下来制造的飞机必须在技术上有所突破，他计划在两个月内制成新飞机，采用比原来马力大得多的飞机发动机，在设计上也追求更大的空间。

　　不久即造成广东制造机器公司成立后的第一架飞机。这架飞机虽然是在冯如第一次试飞取得经验的基础上进行研制的，但因采用的是马力大得多的发动机，飞机的体积、重心、重量等也必须随之变动。这无异于重新设计制造一架新飞机。这架飞机制成后，运往奥克兰以南哥林打镇的麦园农场试飞。试飞时，飞机只能在地面滑行，无法升空。冯如立即将飞机拆卸，进行检查，重行组装，试飞仍不成功。于是重新设计，再造，再试飞，较前略有改进。于是加以改良，继续试飞，试飞升空后，突然坠地撞毁。幸好只有几丈高，飞机虽然坠毁，冯如幸得无恙。冯如自 1909 年 10 月 28 日担任广东制造机器公司总机器师起，至 1910 年 2 月中旬止，共造飞机四架，均以失败告终。

飞机制造实在是一项技术难度非常高的事业，仅凭冯如一个工程师的力量要在短期内创造奇迹不太容易。况且，当时华人根本不可能接触到美国航空界的最新研究成果，因为他们生怕外人将技术学了去。1910 年 2 月下旬，美国飞行家奥维尔·莱特及亚屈（Atwood）在洛杉矶表演飞行，对于冯如来说，这正是学习他人经验、攻克技术难点的好机会。于是，他不惜昂贵的路费，带着朱竹泉一起前往参观表演。但结果令他非常失望，这些表演者为了技术保密，限定参观者必须远离飞机三里，不许近前。冯如本来满心期待地前去观摩前辈飞行家的航空技术，没想到对方如此封锁自闭，只好返回奥克兰继续独自研究。资本主义社会在科学领域上的封锁，使冯如无法通过参观获得教益，但也激发了冯如自力更生、奋发图强的坚强意志，这件事情让冯如更加坚定了中国人要有自己生产制造的飞机，要靠自己的强大来屹立于世界航空界的信念。

由此看来，怀疑冯如的飞机不是自行设计的，是没有根据的。飞机发明初期，各家对自己的设计关键都是严格保密的。当时，寇蒂斯在自己飞机上曾采用了翼尖副翼，莱特兄弟就控告他抄袭"飞行者"上的翼尖扭曲设计。其实，早在 1868 年，英国人博尔顿就已经在他设计的扑翼机上提出了副翼的概念，并取得了专利权。

寇蒂斯没有侵犯莱特兄弟的专利权，倒是侵犯了博尔顿的专利权。那时，寇蒂斯虽然不服莱特兄弟的指控，但还是把副翼装在上下机翼之间，形成了翼间副翼的概念。

其实，冯如也不得不严格保护自己的发明专利。1909年5月23日的《旧金山呼声报》上说："因为不是美国公民，所以，冯如没有为其发明申请美国专利。他试图将一些有价值的设备在中国申请专利。冯如的房间此时被谨慎地看管起来，以防外人闯入。因为，有几次趁他不在的时候，有人试图强行进入他的房间，图谋不轨。就在最近，冯如又发现一个美国男子，试图从窗户进入房间。所以，包括这架即将完工的飞机（可能指'冯如一型飞机'）在内，冯如将所有有价值的东西都转移到了其他地方。在那里，除了冯如本人外，其他任何人都不可能进入。""冯如的工作室24小时都有人在，防止有人闯入。"

冯如通过广泛参考当时杰出飞行家所驾驶飞机的图纸、照片和有关资料，不断丰富自己飞机制造的设想。为了避免大的失误，他不贪图速度，而是谨慎、细致地进行工作，把自己在飞机制造上的观点，与其他飞行家的观点综合起来，在自己设想的基础上博采众家之长。他在不间断的思考和实践过程中，很多潜在的构想得以形成，从而绘制出一份包括飞机的整体及其与零部件制作要求的双翼飞机设计图。

正当冯如把全部精力都投入飞机设计图的绘制和按图施工的时候，奥克兰东九街359号工厂突然于1910年5月失火被焚。冯如立即采取应变措施，在奥克兰以南可林打镇的麦园搭造临时棚厂作工厂。棚厂简陋，风雨交侵，冯如不以为苦，专心致志地研究和制造飞机，直到1910年10月，才又将工厂迁回奥克兰。在此期间，冯如先后制造了两架飞机。第一架试飞效果不好。冯如认真地加以检查，发现飞机太重，于是将飞机拆卸，改用较轻的材料，重新组装，随即试飞，仍然无法起飞。

就在这个关键的时刻，公司又面临着资金的严重紧缺。在公司运营的近一年里，用于购置制造飞机的机器设备、材料及试飞失败后的损失，共计有5384.97美元。如此一来，当初所筹的资金十去其九，耗费殆尽。这个时候，不仅是对冯如的考验，也是对众多股东的考验。有人退缩，因为多次的失败让一些人产生了怀疑，他们不肯再次集股。但是，大部分股东与冯如一样，不愿在挫折面前低头，因此决定再增加投资，集得664美元，加上之前所剩500美元，共有1000多美元帮助冯如渡过难关，继续研制飞机。应该说，冯如的同伴给了他最大的支持，如果没有他们，仅凭冯如一人之力也不可能实现其飞天梦。

当时，几位专职的办事人员，如朱竹泉、黄杞等，每月只从公司领取10-15美元的伙食交通费，这比起他们之前的收入可谓相差巨大。但他们和冯如一样，并没有把个人得失放在心上，否则也不会投入大量的精力和财力在这一前所未有的事业当中了。除了冯如的老朋友外，一些新人的加入，也让冯如的研制队伍充实起来。新来的技术助手有两位，都是冯如的广东同乡，其中一位还是朱竹泉的远房兄弟，名叫朱兆槐。听了冯如试飞成功的事迹和朱竹泉对飞机制造事业的介绍，朱兆槐也很快投入了自己的资本，并成为冯如的技术助手。另一位叫司徒璧如，原名司徒德恩，又称司徒恩，字俊球，广东开平人。他于1902年19岁时随亲戚来到美国旧金山的一家杂货店当伙计，干的是最下等的活，但他勤奋自学工科，后来还进了学校系统学习科学知识。当听到冯如制造飞机成功的消息后，他随即倾其所有，共投资优先股180股，并被选为公司的议事值理。他一方面帮助打理公司日常的行政事务，另一方面则担任冯如制造飞机的助手。

有了这些同人的支持和鼓励，冯如的航空事业没有停止，虽然屡次失败，但并不灰心。他确信失败是取得成功必须付出的代价。对每次失败，冯如都仔细分析其原因，然后把飞机拆卸，或更换部件，或加以改进，然后再试飞，再改进。故每失败一次，即前进一步，也更熟练地掌握了制造飞机的工艺，飞机也从不能飞离地面到可以飞上天空。

关于冯如当时造飞机的情况，1910 年 8 月 27 日的《奥克兰论坛报》，做了比较详细地介绍："在严格的隐蔽与看护下，几个能干的中国机械师正在艾姆赫斯特（Elmhurst）南面的谷仓里制造一架飞机，据几个匆忙中瞥见过该机的人说，这架飞机简直是天才的奇迹。"

"……虽然这些中国人极力想保密飞机制造一事，但这件事的神秘色彩还是引起了人们极大的好奇，他们不得不总是想办法避免回答白人邻居们提出的越来越多的问题……在前来探查飞机的白人中，有人就称美国政府对中国人制造的这架飞机非常感兴趣，希望对此进行调查……中国人相信，即便是美国政府没有全力关注这架飞机，也有美军军官出于兴趣在关注这架飞机的制造。"

"……冯如是那种极富智慧的、勤奋的东方青年。他能熟练地使用各种工具，安静迅速地进行自己的工作——他有着与生俱来的机械方面的天赋。"

"最大的猜疑来自飞机使用的发动机，这台发动机上的铸件是在东部几个不同的地方制造的……中国人试图避免制造这些铸件的人能够指测出整台机器的性能。冯如设计了这台发动机。这些定制的仿件运到他手中后，据说他选择了在自己奥克兰的家中进行装配，以防有人窥视他的技术秘密。"

从以上报道中不难看出，冯如造飞机时不是在抄袭别人，而是在随时提防别人的抄袭。

经过总结自己的失败教训和借鉴法尔曼、寇蒂斯等人的成功经验，冯如渐渐悟出飞机的重量才是症结所在。于是，他将飞机进行分解，精心修改每一个部件，并选用较轻的材料，到1911年1月，终于制造出焕然一新的飞机，这是一架"顿异前制"的飞机，这是冯如担任广东制造机器公司总机器师以来制造的第七架飞机。以前六架飞机，主要是以莱特型飞机为主要设计参考蓝本，均以失败告终。第七架飞机是以花曼型飞机为主要设计参考蓝本，并参考莱特型飞机的制造方法，借鉴前六架飞机制造经验而制成。

5
为中国龙插上翅膀

1911年1月18日早晨，冯如驾驶这架飞机，在奥克兰约翰斯大街终端，靠近圣弗兰西斯科海湾的艾姆赫斯特（Elmhurst）广场公开试飞。这天早上，这架飞被从帆布制的飞机棚内推了出来，停在平坦的广场上。冯如跨上飞机，在驾驶员座位上坐定，用安全带把身躯扣系在座椅上，随即启动75马力的发动机，飞机贴着地面向前行进了约100英尺，便像飞鸟那样优雅地飞离地面，冲向天空。飞机的发动机有力地运转着，把飞机驱动得像有生命的飞鸟那样，在40英尺的空中飞翔。它的每一个装置都匹配地工作，显示出这架飞机的每一个零部件都出自聪明的专业设计者和制造者之手。这架飞机不仅机械性能优越，而且具有匀称优美的外形。

地面上，冯如的五六个助手，随着飞机环绕广场飞行而来回奔跑，注视着这次创纪录的飞行。飞机环绕广场飞行了约一英里后，向圣弗兰西斯科海湾飞去，然后掉头，做一弧形航线，飞越奥克兰郊区的田野，回到广场上空。这时，飞机发动机运转的鸣声逐渐消失，螺旋桨的旋转速度放慢，飞机升降舵的翼面微微倾斜，冯如驾驶着飞机徐徐滑翔下降，轻轻地碰触地面后，又贴着地面行进到离原来起飞点约100英尺的地方停定。这次飞行历时4分钟。飞机一停定，众人一拥而上，向冯如祝贺，并为他这次完全成功的飞行而感到自豪。

经过长达5年多的研究和实践，终于实现了为中华民族而腾飞天空的抱负，冯如感到无比兴奋。如果说，冯如于 1909 年 9 月 21 日制造的"冯如一型飞机"，由于装配上存在缺点，其试飞只能算是基本成功的话，那么，冯如制造的这架"顿异前制"飞机和这次试飞，在当时的航空技术水平来说，无可否认是一架设计、制造完善的飞机，是一次成功的飞行。在此之前，还没有另一个中国人制造并驾驶飞机飞行成功。

1911 年 1 月 18 日成功试飞之后，冯如表示：暂时不追求长距离或高空飞行。他认为，在未经充分准备之前，急于打破飞行纪录，容易造成人机俱毁的飞行事故。他的飞机设计、制造和飞行，除了借鉴其他飞行家的成功经验外，也要吸取他们失败的教训。在他收藏的制造飞机的参考资料中，就有花曼、贝勒格（Breguet）等飞机坠地损毁的图片和资料。

为了提高飞机的性能和飞行技术，向长距离、高空飞行之途迈进，冯如于 1911 年 1 月 18 日试飞成功之后，继续在奥克兰表演飞行。每次飞行表演都很成功，其中一次时速达到 57 英里（合 91.73 千米），但这还未把飞机开到设计的最快速度。

冯如表演飞行的时候，到场参观的华侨很多。他们对冯如在航空方面所取得的优异成绩极为敬佩，并引以为中华民族之光荣。美国和旅美华侨的报刊竟相发表有关冯如航空活动的报道。此时，"冯君名誉已飞腾于世界"。

冯如的每次飞行表演虽然很成功，但他仍然仔细研究分析每次飞行的情况，根据飞行体验，并参考寇蒂斯型飞机的技术资料，对飞机进行局部改进，特别是对发动机的改进，以不断提高飞机的性能。在一连串的改进过程中，飞机的起落架、发动机的冷却装置等都做了更改。每经一次改进，飞机的性能都提高一步。冯如的飞行技术也在这一连串的飞行表演中得到提高，最后创造了时速 105 千米、航程 35 千米、飞高 110 米（350 英尺）的成绩。其时速超过 1909 年 8 月 22—29 日在法国理姆斯（Reims）举行的第一届国际飞行比赛速度冠军寇蒂斯（时速 75.2 千米）的成绩。

至此，冯如制造的飞机基本定型。定名为"冯如二型飞机"。这架经过冯如等人多次改进的飞机到底是什么样子呢？从历史图片和文献记载中我们可以一窥其风采：这架新式冯如飞机以用八条长梁制作成梭形而非船形的支架为机身，去除了阻挡气流的外包物。在驾驶员座位的后部则装有 75 匹马力的发动机和螺旋桨，这是飞机的动力系统。有了强劲的动力之后，还需要确保飞机的构造能够适应飞行的需要。冯如在改进的飞机机身上分别安装了两个大小相等的主翼，它们和翼间支柱共同组成飞机的机翼。这个新设置的翼间支柱看似不起眼，实际功效却非常大，它可以增加整个飞机的受力，提高机翼的稳定性，使得飞行过程更加平稳。在飞行过程中，另一个重要的因素则是方向的控制，在这方面，冯如设计在飞机前后各安装了一个方向舵，前舵呈水平状，控制飞机的上升和下降；后舵用垂直翼，控制飞机左右转向。

冯如制造飞机，是自己设计、绘图，自己按设计图制成模型进行试验，再按模型制成一个个的部件，然后装配成飞机，因而他的成就特别值得称道。除了这架基本定型的"冯如二型飞机"外，冯如还制造了足以装配另外两架同样飞机的肋骨、螺旋桨等全部零部件。所以，当冯如的这架基本定型的飞机经过多次飞行表演证明性能良好之后，再造第二、第三架就不困难了。

1911 年 3 月 19 日美国《旧金山呼声报》上，作者乔治·克拉肯在题为《他要为中国龙插上翅膀》一文中说：

冯珠九是一个谦虚、头脑冷静、不知疲倦，且具有超常智慧的中国人。他能够取得今天这样的成绩，是由于他善于把握时机，具有不屈不挠的意志和积极主动的精神。他从不对自己悲观。他凭自己的洞察能力解决了工作中各种各样的问题。他立志要在机械技术方面取得成功，建立这方面的功勋。毫无疑问，他已经取得了初步的成绩，而未来更大的成功已经并不遥远了。

……

这个天才的飞行家的前程不可限量。他制造的飞机得到几个到加利福尼亚州表演飞行的著名飞行家的高度赞扬，认为其手工技艺完美无缺，无可供挑剔的瑕疵。

这说明了不只是海外的中国人关注着冯如的事业，连外国人也不得不注意这个在人类航空史上作出杰出贡献的中国人。当时，有美国的企业大亨想重金招聘他，把他永远留在美国，为美国的航空事业服务；英国一个航空业老板也想用黄金购买他的飞机设计技术资料，都被冯如拒绝了。后来美国人因不能得逞，竟企图否认冯如设计制造飞机的专利权。冯如据理驳斥，让这些美国人的阴谋不能得逞。

在 20 世纪初期，航空业才刚刚起步，像冯如这样拥有尖端技术的人才如果留在发达国家一定会受重用。他完全可以在美国经营航空事业，赚取丰厚的美元。但是，对冯如来说，他的奋斗是为了四万万的同胞，为了祖国强大，正如他当年立下的誓言："飞机不成，誓不回国！"如今飞机已成，冯如必将回国服务，他只是在等待合适的时机。

正当冯如制造飞机成功的时候，美国的华人社会里急流涌动，人们纷纷谈论的一个话题就是"革命"。与这个话题息息相关的人物则是同为美国华侨的孙中山。1894 年，孙中山在檀香山建立了兴中会，提出了资产阶级的革命纲领，当时的会员基本上由美国的华人华侨组成。正如孙中山后来所说的那样，华侨是革命之母。华侨身在海外，寄人篱下，备受帝国主义、殖民主义的奴役和压迫，因此，他们特别迫切地渴望自己的祖国能够独立富强，这样的话他们在海外才能挺起腰杆做人。也正因为如此，他们十分愿意为祖国的事业尽一分自己的绵薄之力。

冯如就是这样一个时刻准备着为祖国奉献青春的华侨。当时，孙中山正在美国旧金山向华侨宣传革命思想并募集革命活动经费，当得知冯如的创举时，他亲赴奥克兰参观冯如的飞机。正好赶上冯如驾驶飞机冲上220米高空的试飞表演活动，中山先生不禁发出赞叹："吾国大有人矣！"同时，孙中山还向冯如讲解救国之策，劝说冯如投身革命事业，鼓励他在中国开展航空救国的活动。经过中山先生一番启发，冯如更加认识到，要挽救的不是封建腐朽的清政府，而是四万万生活在水深火热之中的同胞。

第六章

航空救国

1
飞机已成，必将回国

1911 年 1 月 18 日，奥克兰试飞成功之后，秉性谦虚的冯如虽然不愿意宣扬自己，但他在美国的飞行表演，在飞机制造和飞行技术方面的成就，却迅速传播开来，一直传到远隔重洋生养他的祖国，并引起国内各界人士和旅美华侨的关注。他们一直在猜测冯如将会得到怎样的荣誉和地位。清政府两广总督张鸣岐从巩固其统治的两广地区的封建秩序出发，想利用冯如为其建立航空部队，增强统治实力，遂于 1911 年 1 月下旬电召冯如回国，许以破格录用。又委托正在美国考察游历的商务印书馆编译所长、著名学者张元济当面邀请冯如火速归国。冯如是在继"冯如二型飞机"制造成功着手装配第二架飞机的时候，接到清政府的电召和张元济的当面邀请的。

张元济何许人也？这位张元济出生于名门望族，书香世家。清末中进士，入翰林院任庶吉士，后在总理事务衙门任章京。1902 年，张元济进入商务印书馆历任编译所所长、经理、监理、董事长等职。中华人民共和国成立后，担任上海文史馆馆长，继任商务印书馆董事长。1959 年 8 月 14 日在上海逝世，享年 91 岁。

张元济同志一生为中国文化出版事业的发展、优秀民族文化遗产的整理、出版做出了卓越的贡献。在他主持商务印书馆时期，商务印书馆从一个印书作坊发展成为中国近代史上最具影响力的出版企业；他组织编写的新式教科书风行全国，在中国近现代教育史上具有开创性的意义；他推出严复翻译的《天演论》、林纾翻译的《茶花女》等大批外国学术、文学名著，产生了广泛深远的影响；他主持影印《四部丛刊》、校印《百衲本二十四史》及创建东方图书馆，对保存民族文化都有很大的贡献。著有《校史随笔》《中华民族的人格》等。

当时，张元济是受张鸣岐的委托来见冯如的，他与冯如有一次交谈。

看过飞机，张元济拉着冯如的手在马扎上坐下，说，了不起，了不起！倘若我们中国各方都有你这样的英才，大兴科学，开办实业，编练新军，改革财政，又何难实现，中国何愁不能早日强盛！你知道吗，现在国人把飞机视作"神器"，政府已派人出国学习飞行，听说正与英国洽购飞机，并在北京南苑开办飞机修理厂，还将邀请外国飞行家赴华表演，可偌大的中国至今还没有一架飞机。张元济说话不紧不慢，声音却透着力道。

冯如说，当今美国及欧洲各国已将飞机编入军队，并开办军校，付诸操演，想必不用多久，飞机就会扬威军事。以往中国惨败在西方手下，吃亏在武备低劣，今后飞机将是威力强大的兵器，中国如再不学习追赶，还要再吃大亏。

张元济说，说得好！就说1873年我大清国同意外国使节以西方礼节觐见皇上时，人家在大西洋海底敷设电缆已有7年，卷筒轮转印刷机发明已5年，3年后贝尔便发明了电话，我们岂能不落后于人？听说冯先生远渡重洋学造飞机，是为"壮国体，挽利权"，今天又目睹先生的成就，实在钦佩。

冯如说，先生过奖了，这架飞机能否试飞成功，还难有十分把握。

张元济说，据我所知，冯先生所造飞机前年已做过成功试飞，既已大功告成，何不从速回国，以图救国大业？

我造飞机，就是想有朝一日回国效力。冯如略事沉吟，接着说，不知张先生是否认识一位叫吕连第的人，前年他来美国，要拉我回国跟广西布政使张鸣岐做事，并说准备好了造飞机的条件便告诉我，可至今也未见下文。

张元济闻之一笑，说，吕连第确曾向张大人举荐过你，极赞你的才华和成就，极赞飞机的神奇功用。我这次来美国，是为考察西方科技书籍，临行前张大人再三吩咐我，一定要把先生请回国。张大人已到广州多时，现在恐已实授两广总督，依我观察，他是个通达时务的人，是真的求贤若渴的人。

那好。冯如说，这架飞机隔日正好要试飞，如成功，即可从命回国，不成功，恐怕还要再做打算。

张元济说，一定会成功，一定会成功的！至于回国所需条件，请先生一并开具。

从以上两人的对话来看，当时两广总督张鸣岐是非常迫切需要冯如的加入的，这和当时的历史环境关系很大。当时，孙中山先生领导的民主革命运动正在蓬勃发展，革命武装起义此起彼伏，清政府已处于风雨飘摇之中。清政府在做最后的挣扎，希望能够利用西洋的新奇利器维护自己的统治。除了对冯如的劝说外，清朝统治集团正在多方争取，试图发展航空事业。宣统二年（1910年）十月初六的一张报纸上记载了清政府的陆军确曾筹划建设一所飞行学校，而且还在仰山洼勘查地址，准备兴建校舍。学校后来没有办成，不过倒是成立了一个飞机工厂，并邀请留日学生李宝竣和刘佐成负责。这个工厂就设在北京南苑，利用驻军操场修建了供飞机起降的简易跑道。自此，南苑成为中国第一个机场。由于地势低、候鸟多，南苑曾被圈为皇家郊苑猎场。后因经常在这里训练兵马，举行阅兵活动，逐步成为校阅场。1904 年，法国运来的两架小飞机在南苑校阅场上进行了飞行表演，使飞机首次在中国土地上起降。事隔 7 年，在 1911 年 4 月 6 日，终于也有中国人驾驶着飞机在北京南苑机场上空表演飞行了，这个飞行员名叫秦国镛。秦国镛曾经在法国、比利时留学，学习陆军和机械科。1910年回国后，他力主清政府大力发展空军。而他这次飞行所驾驶的飞机是清政府花银子从法国购来的，因为当时能成功制造飞机的华人只有冯如。所以，清政府迫不及待地想请冯如回国。然而，软弱无能和腐败堕落的清政府已经内外交困，无药可救了。当然，张鸣岐邀请冯如回国也有个人的打算，想巩固自身的力量。

说到这位张鸣岐，有必要简单介绍一下。张鸣歧（1875—1945）字坚白，号韩斋，山东无棣人。前清举人。1898 年就馆于岑春煊，颇得器重。1900 年后，随岑在陕西、四川、两广先后任职两广学务、营务处、广西太平思顺道、广西布政使、广西巡抚。1910 年，因贿赂奕劻得任两广总督兼广州将军，曾镇压黄花岗起义，杀害林觉民、喻培伦等 40 余人。1913 年任广西民政长，会办广西军务。1915 年任广东巡按使。1916 年拥护袁世凯称帝，被封为一等伯。1927 年迁居天津。在津期间，与下台的军阀政客白坚武相勾结，与日本驻屯军特使接上关系，日军侵华后公开投敌。1942 年与王克敏、靳云鹏等被聘为伪华北政务委员会咨议会议委员。日本投降后不久病死。

张鸣歧一生，为人诟病者有三：一是任两广总督时，镇压了黄花岗起义；二是曾上表支持袁世凯复辟帝制；三是抗战时出任伪职。

航空是当时最尖端的科学技术，当时距离莱特兄弟研制成功世界上第一架飞机还不足十年，很多人并没有注意到这种机械"大鸟"在军事上巨大的潜力。不过西方发达国家的军界已经开始注意到飞机在未来战争中的威力。美国海军就曾在1910—1911年进行了舰载飞机及起降的试飞，并获得成功。当时，驾驶飞机的飞行员是美国著名飞机设计师寇蒂斯的学生尤金·伊利。1910年11月，伊利驾驶着他那架曾经创造连续飞行250千米纪录、绰号为"奥尔巴尼飞鸟"的双翼机，开始了起飞试验。起初的飞行并不顺利，飞机刚离开军舰，便向下急降，机轮、螺旋桨几乎碰到水面，伊利沉着冷静，努力将飞机拉起。十几分钟以后，飞机在离军舰2.5海里的海滩上安全降落。首次试飞的成功，令美国军方兴奋不已，但他们意识到，这只是成功的一小半，降落才更具挑战性。为此，钱伯斯又在"宾夕法尼亚"号巡洋舰上安装了更长、更宽的飞行平台，并设置了22根两端系有沙袋的拦阻索用于飞机降落。1911年1月，伊利带着自信，从坦福兰机场起飞，直冲停泊在旧金山湾的"宾夕法尼亚"号。当飞机盘旋几圈后降落滑向平台时，轮架下面的挂钩挂住了拦阻索，飞机稳稳地停在军舰上。

把飞机运用于军事的想法，即使在当时的发达国家美国，都是十分新潮的理念，对于中国人来说，连飞机都没见过，更不要说用来打仗了。然而，孙中山先生已敏锐地觉察到飞机的重要性，意识到飞机的出现将引起军事上的变革，并把它与中国革命联系在一起。孙中山曾与一位美国军事研究家交往甚密，两人在1910年末的书信来往中专门讨论了飞机与军事的关系。孙中山在回信中说道："至于你对飞机在战争中用途的见解，我已一再拜读，至为赞佩。你的所有论证均极正确，我完全同意你在第一部分的论述，但在第二部分'作为侦察手段'一节中，你忽略一事：飞机和飞船（即热气球）能做极好的摄影，有助于指挥官准确判断敌情。譬如，在辽阳和沈阳战役中，俄国指挥官以为日军人数多于己方，但实际上日军人数要比他所设想的少三分之一。日军战线延伸达一百英里以上，使俄军的系留气球无法发现。假如，俄军当时使用可操纵气球活飞机进行摄影，即可发现漫长战线上日军的数量。"这一论断体现了孙中山先生不仅对具体战例烂熟于心，且对飞行器应用于军事的用途非常有信心。他在 1911 年 1 至 11 月筹备革命和募集革命军费期间，曾多次向同盟会的几名会员谈及飞机一事，其中就包括在美国学习工程的同盟会会员李绮庵。孙中山在给他的信中说，飞机操练的人才，是同盟会所不可或缺的，因其不独用来作战，还可有难以预料的用途。同时，孙中山先生还鼓励李绮庵从事航空方面的研究。而他也不负期望，在 1911 年底携带 6 架飞机回国，组成了华侨革命飞机队，参加革命。

2
壮国体，挽利权

　　和张元济交谈之后，冯如曾与孙中山详谈过，表示对革命事业抱有很大的热情，也愿意为人民的解放做出自己的贡献，否则他也不会在日后担任广东革命军的飞机长了。

　　在那次交谈中，孙中山盛赞冯如百折不挠一飞冲天，开创了祖国的航空事业。接着他说，他在游历欧美和日本时，每闻航空界蓬勃发展之况，就思考飞机在军事上应用的可能。孙中山说，飞机在战争中必将派上大用，因此，他曾嘱檀香山的同盟会成员设中华飞机公司，自造飞机；得知同盟会会员李绮庵决心学开飞机，特地写信给他，跟他讲能驾飞机者，为吾党不可缺少的人才，不定何时就有用武之地，你既有志于此道，则宜努力图之。

　　讲到此，孙中山忽转头问冯如，我听说冯先生为报效祖国，近期就要带几架飞机动身回广州？

　　是的。冯如连连点头。

　　好，好！人既尽其才，则百事俱举；百事举矣，则富强不足谋也。孙中山话锋一转，说，不过，你回去是给两广总督张鸣岐做事？

　　冯如知道孙中山是革命领袖，他不辞辛劳颠沛流离，就是为了推翻清政府，建立一个没有皇帝的新国家。孙中山冷不丁一问，他一时语塞，窘在那里。

唐琼昌见状插言道，冯先生常说，他造飞机是为了"壮国体，挽利权"，为了"固吾圉，慑强邻"，他想把飞机引进祖国，用于国防，抵御列强的侵略。

壮国体，挽利权，好！好！孙中山点头称道。又摇头说，但千万不要替张鸣岐之流做事，不要被他们利用！事实上他也不能成事，只会坏事。北洋水师为何被日本打得一败涂地，全军覆没？固然有头脑僵化、战术愚钝之弊，但我想主要是我们的火力不如日本的火力猛，朝廷为了供皇室骄奢淫逸，把买速射炮的钱都挪去修颐和园。这个祸国殃民的政府一日不除，中国就一日不能复兴，不能立于世界民族之林！我这次行抵旧金山，就是来向侨胞筹募起义军费的。

冯如的爱国思想，在与孙中山先生接触之后，前进了一大步。

此外，冯如完全可以用他掌握的航空科学技术知识，在美国经营航空事业，赚取大量金钱。当时，也有美国人想用重金聘请他留在美国，教授航空技术，但金钱买不动冯如振兴中华航空事业的赤诚爱国之心。他无意在美国经营航空事业，获取金钱；也不愿"楚材晋用"，接受美国人的聘任，为发展美国航空事业效力。尤其是他在与孙中山先生接触之后，在思想上有更大的进步。"苟无成，毋宁死"，他刻苦钻研航空技术，甘冒粉身碎骨的危险进行试飞，创办制造飞机的企业——广东制造机器公司（后改称广东飞行器公司），为的是"成一绝艺以归饷祖国"，实现"壮国体，挽利权"的夙愿。他要的是祖国同胞对他开拓祖国航空事业功绩的肯定和赞赏。强烈的爱国心驱使他从速回国，为生养他的祖国创办富国强兵的航空事业，故接受清政府两广总督张鸣岐的邀请，并立即办理离美归国手续。此实为虚与委蛇之计，回国为革命事业贡献力量才是他真正的目的。

1911年1月下旬，冯如与广东制造机器公司总经理、议事值理等公司负责人，共同召开股东会议，议决把在旅美华侨支持下发展壮大起来的广东制造机器公司，从1911年2月21日（宣统三年正月廿三日）《广东飞行器公司合约》通过生效之日起，改名为广东飞行器公司，迁回祖国广东省广州市，致力发展祖国航空事业。

冯如为把飞机和制造飞机的器材设备安全运回祖国，亲自主持飞机、机器设备等物资的拆卸、装箱工作，并向保险公司购买了机器保险，共付保险费45元。1911年2月22日，冯如率领广东飞行器公司的技术人员朱竹泉、司徒璧如、朱兆槐，连同飞机两架（其中一架在装配中）及制造飞机的器材设备等，乘船离开旧金山回国。曾经与冯如一起制造飞机的同事到码头送别。至于广东飞行器公司在美国的未了业务，则由冯如委托其在奥克兰的挚友、熟悉当地情况的白人青年赫·威廉·尼里处理。

走的时候没有声张。到码头送行的有黄杞、张南、谭耀能、尼里、苔丝、唐琼昌、陈石锁和一些优先股的股东。表舅吴英兰也来了，他拉着冯如的手一松开，眼泪就"哗哗"地下来了。

当冯如离开若干天后，报纸才披露了这个新闻。

中国唯一的飞行家和飞机制造家冯珠九，现正在太平洋上，乘轮船向他的祖国行进。他坐在一号舱内。他的两架双翼飞机，用木板封装着，放在甲板下面。经过三年卓有成效的研究和试验，冯珠九依约归国，准备把航空方面的新技术传授给他的祖国同胞。

报道不仅对冯如研制飞机的经历和成就再行回顾和评述，还对他回国后的命运做了推测。

冯如将会有怎样的命运呢？

当冯珠九回到中国，他将成为那里唯一的飞行家。在此之前，中国从未见过飞机，也不允许外国人在中国的任何地方表演飞行。由于中国过去从未有人涉足飞行方面的先例，这使冯珠九还必须把他的飞机介绍给清朝皇帝，以及对此感到疑惑的人民。在美国，冯珠九通过他新奇的作品——如果我们不说这是天才的杰作的话，有可能使他赚得一笔财富。但他从未企求在这里发展航空事业。他认为自己不倦地努力的报酬，必须来自他的国家的人民。他们看到了自己对空间的征服，一定会给予很高的奖赏。他期待在国内最初的几次飞行中，那些从未看过飞机的人们，能够一点儿也不迷信地认为他是有邪魔附身。预计在广东的首次飞行中，中国政府官员将会成为热情的观众。广东是冯珠九的家乡。他的父亲是经营药材生意的商人。他的哥哥是经营粮食生意的商人。

人们认为，冯珠九在紧接着几次飞行表演之后，将进入政府部门任职，并立即着手指导军队使用飞机。冯珠九在荣誉面前保持谦虚和朴实。他取得了制造双翼飞机的成功。他达到了自己的目的。他在家乡进行首次表演的愿望，有他的某种爱国热忱在里面；同时还具有另一方面的重要意义：他要他的人民报答他三年来严谨细致的工作，以及他在制造飞机和给中国同胞传授航空知识所花费的近万元的资金……

——《旧金山星期日呼声报》，1911 年 3 月 19 日

冯如所乘的轮船跨过太平洋，到达日本，再经上海抵香港。沿路所至之处，许多人前往一睹这位华人飞行家的风采。在日本，人们预先在码头等候，夹道欢迎，甚至还有人提出要冯如停留数日，进行表演。

在上海，同样有许多人提出请冯如表演飞行，这时距法国飞行家环龙在上海江湾跑马地的飞行表演相去不久，上海的市民观看飞行的热情高涨，希望能让中国第一位大飞行家一展风采。对于这些热情的邀请，冯如

都委婉地拒绝了。一来行程时间不允许，若进行飞行的话，需要在当地停留日久，做许多预备工作；二来冯如一定是想将自己在中国的首飞献给广东家乡的父老乡亲。

当轮船在香港码头靠岸时，已是宣统三年二月二十二日（1911 年 3 月 22 日），经过整整一个月在海上的旅途，冯如一行终于回到了祖国的怀抱。清两广总督张鸣岐为表隆重，专派大清军舰"宝璧号"前往迎接，规格之高非一般人所能有。"宝璧号"载着冯如一行到达广州后，张鸣岐还专门为广东飞行器公司在广州东郊的燕塘圈定飞机制造厂址和飞机场，供冯如免费使用。

"宝璧号"驶抵黄埔军港，冯如即被用轿子抬到总督府，受到张鸣岐召见。

在交谈中，张鸣岐告诉冯如，飞机的功用已受清廷重视，这也为局势所迫，早一年，回国留学生呼吁朝廷购买飞机组建航空队，以振兴清军，兵部尚书阴午楼还以飞机不堪用予以否定，说若用以侦察，在高处不便下视，等降下来，又足以被新式炮弹击中。而今清政府在北京南苑办厂，由一个叫李宝焌的人试制飞机，今年初还花了四万两白银从英国购回一架飞机，但无人能驾驶，现存陆军部供人参观。张鸣岐说他本人对飞机大大地做了一番考察，为证实这一点，他拿起案头一本《东方杂志》，指着上头一篇题为《研究飞行机报告》的文章说，这飞机犹如神功，我想如携带烈火闯入战阵，其势必如猛虎下山，无以匹敌。接着告诉冯如，他极器重冯如的才华，有心推荐他当海军大臣，并在燕塘为他划定了制造飞机的厂址和飞行的场地。香港《大公报》刊登"中国飞行家回国近状"一文进行全面报道。全文如下：

恩平县冯君如由美回粤，带有自制飞船一艘到港，顷奉张督派兵轮装回，拟于近日在羊城择地试演，以开风气而资研究，查该飞行器支以槐木持以钢条，全具分上下两翼，各横长二十九英尺又半，前后长亦如之，作十字形。翼身纯用笠巴坚韧丝弥缝；船身高八英尺风轮置于中，作十字纹形，长七尺又半；发力机器一具共有七十五个马力，全船重七百二十五英磅。自去夏在金山设厂自行制造，越秋祖冬始克成就。闻去腊曾在美国屋仑埠点他斯地方试演，飞高三百余英尺，升降自如，颇称完善。当时西人士女到观者如堵，均称道不置，认为世界著名飞船家不过是云。

可见，冯如回国这件事在全国上下是非常关注的。

3
不为名利欲，投身革命军

这次回国后，冯如见朝野都关注飞机，关注引进西方技术，感到世风大变，心情十分愉快。今天又见张鸣岐形貌雍容有礼，并无霸道做派，对他颇生好感。但一听他要把自己拉入军中，替清廷做事，就想起孙中山先生的叮嘱，顿时心生警觉。便同他虚与委蛇，说他离家已有十五六年，中间只回家短暂逗留过一次，父母老残有病，得先回家看望，制造飞机的事可先做起来，能否做成功并无把握。至于做官的事，自己一介草愚，实在是不敢当的。

张鸣岐听了一愣，他大概全然没想到冯如会拒绝，至于冯如的理由，他是何等精明，是真心是假意能听不出来？顿时面露不悦，沉下声说，那也好，你先安顿下来再说。也许是想刺激冯如，最后说，下月初比利时飞行家云甸邦将在广州做飞行表演，我已允准，你得便可来观看。

一侍者端着托盘上来，托盘上盖着绸巾。张鸣岐皱起眉头，挥了挥手，侍者退了下去。

张鸣岐这么做，绝不是因为他锐意改革，图发展西方先进科技，只不过是为了稳定自己作为封疆大吏在广东的统治而已。张鸣岐来广东之前曾担任广西巡抚，当时他为了镇压民间起义，增强军力，曾专门聘请了大批留日陆军士官生为其编练新军。这些人当中有很多是同盟会成员，张鸣岐为了让这些军官尽力卖命，从各方面优待他们，还假惺惺地表示对革命抱以同情。但后来发现势头不对的时候，张鸣岐又搜捕暗杀革命党人。如今，他又想利用冯如为自己卖命。从他与冯如的交谈就可以窥见一斑。

可是，冯如并没有他想的那么简单，经过孙中山先生的启导，早已改变了接受清政府聘用的主意。他要在张鸣岐统治下的广州发展祖国的航空事业，虽然不得不虚与委蛇，接受其军舰接载及划定厂址、场地，但始终没担任清政府的职务。不日，广东飞行器公司即告成立。会场挂出一副对联，上联是，壮国体救危亡制造飞机；下联是，挽利权御外侮振兴中华。广东飞行器公司虽决定回国发展，并接受张鸣岐给予的土地厂房，但冯如一直坚持拒绝担任清政府的职务。张鸣岐气急败坏，便下令禁止冯如单独进行飞机的飞行试验，并派人严密监视广东飞行器公司的一举一动。

冯如等人当时的情形不容乐观，因为张鸣岐已经没有耐心再向冯如示恩宠了。不过，广东局势紧迫，张鸣岐忙于镇压革命，也无暇顾及冯如。这个时候在广州发生了几件大事。一是广州将军孚琦被刺，二是同盟会领导的广州起义。1911年4月8日，比利时机师云甸邦在燕塘进行飞行表演，广州将军孚琦前往观看。云甸邦是当时欧洲十分有名的飞行家，他先是在香港沙田表演飞行，然后来到广州燕塘进行表演。孚琦前去观看，一方面说明清政府的一些官员确实对这类"怪鸟"充满好奇，渴望它能挽救濒亡的清政府；另一方面可见冯如确实是被两广总督张鸣岐禁止了飞行活动。清政府惧怕、封锁冯如等人，但并不能阻止革命迫近的步伐，广州将军孚琦的被刺就是一根导火索。

那天，当孚琦看完表演后坐着轿子途经东较场（今烈士陵园及至广东省革命博物馆）附近的麒麟阁商店时，茶馆里突然跃出一个身穿蓝布衫的黑矮汉子。他手拿"猪脚仔"（一种手枪的俗称），一把抓住轿杠，掀开轿帘，对准孚琦开了一枪。孚琦被击中前额，当即血如泉涌。孚琦身边的侍卫、轿夫全吓呆了，定过神来，竟然扔下主子作鸟兽散。黑衣刺客再连开三枪，击中孚琦的头部与腹部。

另一件事情，就是孙中山先生领导的黄花岗起义爆发。

1911年4月27日（农历三月二十九日），同盟会骨干黄兴带领120余人，臂缠白巾，手执枪械炸弹，吹响海螺，发动广州起义。黄兴带队猛攻督署，击毙卫队士兵，擒杀管带，本想捉拿两广总督张鸣岐，但他这只老狐狸越墙逃走了。起义军焚烧督署后退出，至东辕门外与水师提督李准的卫队相遇接战，互有伤亡，随后分兵攻袭督练公所等处，又与大队清军展开激烈巷战。终因众寡悬殊而失败。此次起义同盟会成员牺牲达百余人，后由善堂收敛烈士遗骸七十二具，葬于红花岗（后改名黄花岗），史称"黄花岗七十二烈士"。

这次起义失败了，革命党人用生命和鲜血献身革命的伟大精神却震动了全国，也震动了世界，从而促使全国革命高潮的更快到来。同时，两广总督张鸣岐险些毙命，也因此更加剧了他对冯如的戒心。由于参加革命的华侨很多，张鸣岐唯恐冯如与革命党人有联系，遂下令停止广东飞行器公司的一切业务，冯如与朱竹泉等人只好赋闲在家。

一天一天，冯如都在焦虑中苦苦煎熬。

这一天，朱竹泉不知从哪儿弄来两份旧《申报》，一份是5月7日（农历四月初九）出版的，报道了法国飞行家环龙前一日在上海泥城桥赛马场表演飞行失事的噩耗。

5点20分，环龙君之飞艇由东而西，直向赛马场驶来，其疾如矢。但初时甚高，其后渐低，闻机抢轧轧声颇厉。环龙君先在场内盘旋一周，平稳且速，观者莫不鼓掌。迨行至华商跑马总会所搭之木棚西面，环龙君似欲扳机向左，做一小转弯，然后在场内空地落下。不料艇身骤然向右而倾。观者皆大呼，谛视之，环龙君已脱出座位，以足钩住机上之木条，全身倒悬空际。而该艇则左右旋转不定。一刹那，但闻砰然一声，该艇已倾斜而下，其声极猛且速，全艇木条，碎为斋粉。

冯如读之，心头漫过一阵悲壮的感情。

另一份5月24日（农历四月二十六）的报纸，透露了清廷筹建航空队的消息。

京师近事，今年秋季大操，军咨府、陆军部、各镇人员纷纷筹备，一切已有端倪。惟现今各国均组织有飞行艇队，由空中传递消息。此次秋操，若缺此项通信机关，殊不完备。闻涛邸报由留欧学生中，选派精通法语七八人，入法国飞艇学堂，赶紧学习，约两月即可毕业。并由欧购回飞行艇三只，组织空中飞行艇队，以备秋操通信之用。但各国飞行事业研究有年，牺牲性命者不知若干人，而我国七八学生，费两月工夫，即可学习之，何成事迟速之不同耶？

冯如扔下报纸，徒叹一声。最后一句对他刺激尤大。他为政府对自己的无视感到郁闷，又为报国无门而焦虑万分。他又抓起报纸，把最后一句话一个字一个字连看了两遍，忧愤地说，我还不如环龙，我连为国赴死的权利都没有！

冯如的心理应焦虑，他时刻想着祖国的航空事业和自己的理想，如今好不容易回国，却无力可出，无法发挥自己的专长。他是一个飞机师，同时也是一个飞行员，飞机就是他的生命，可是当下的状况让他寝食难安。到了6月21日，冯如终于忍不住想要看看他的好搭档"冯如二型飞机"了，他担心飞机在海上的长期运输，以及在广州的搁置会导致一些故障。

　　因此，趁着清政府忙于镇压革命无暇顾及他们，冯如和同伴决定悄悄地在燕塘机场进行一次秘密的试飞。当时，除了驾驶飞机的冯如本人以外，就只有他的徒弟朱竹泉、司徒璧如和朱兆槐在场。这是冯如第一次操纵他自己制造的飞机在祖国的天空中飞翔，但好事多磨，飞机升空不久就坠地，正如冯如之前所担心的，飞机的机体由于长期受潮，零部件锈蚀，性能大打折扣。所幸的是，由于飞机刚刚起飞，飞行高度还比较低，冯如的身体没有受伤，但这架耗费心血制成的令冯如成名于国际的飞机就这样毁掉了。不过冯如似乎并不担心没有飞机，因为在回国之前，他一共制造了足够装配三架飞机的肋骨、机翼、螺旋桨等全部零件，并且，将这些零件全部运回了中国，那么以后再制造第二架、第三架就显得不那么困难了。虽然他暂时被监控，不能继续制造未完成的作品，但这些零件会在日后派上用场。

　　几个月无所事事的等待并不是冯如所期望的，一个视飞行为生命的人不能飞行，这让冯如很焦急。不过，冯如心里又充满期待，就像他回国前的心情一样，他知道自己的一技之长必将为祖国、民族的解放出一把力，他明白当初与孙中山先生的谈话不是虚言，因为孙中山先生曾说过："飞机一物，自是大有利于行军。"冯如抱着这样的信念，坚持着自己的梦想，他相信实现的日子正在迫近。因为，革命的星星之火正在闪耀着他，闪耀着中国。正像冯如翱翔的飞机那样，中国正在谋求新生。

　　1911年10月10日，震撼神州大地的武昌起义爆发，整个中国在沸腾。千百万群众向建立共和政体之途迈进。11月9日，驱逐了清政府的广州官吏，广州光复，成立了广东军政府。冯如率领他的三个助手一起参加革命，被任命为广东革命军飞机长。他的助手朱竹泉为飞机次长，司徒璧如、朱兆槐为飞机员。冯如接受任命后，立即在燕塘恢复了广东飞行器公司制造、装配飞机的业务，用从美国带回来的自制的飞机零部件，加上在广州搜集到的竹、木、布匹等材料，在燕塘制造飞机，用了约三个月的时间，制成飞机一架。

冯如在革命队伍中迅速得到重用，这与孙中山所坚持的航空救国思想密不可分。孙中山考虑将航空应用于军事的高瞻远瞩，早在1910年与美国航空军事家的信件中就有所体现。而他的航空救国思想，在日后的革命道路中积累得更加全面和深入。譬如在1921年，他给廖仲恺的信函中详细叙述的国防计划可被看作孙中山"航空救国"思想的实践总结和理论升华。这个名为国防计划实为建国大纲，共计62项，有9项论及航空，包括机场建设、飞机制造、人才培养、空军建立及其与国防的关系等。

毋庸置疑，航空救国思想在孙中山的倡导下不断发扬光大，无论从深度上还是广度上，他都能称得上中国最早的军事航空思想家之一。不过，提出航空救国主张的第一人并不是孙中山，而是冯如。冯如不仅在思想上阐述航空救国的道理，也是将这一思想付诸实践的第一人。

当接到广东军政府的委任状后，冯如和他的三个助手，联合一些对航空感兴趣的革命同志，紧张而有序地组织筹划北伐飞机侦察队。冯如设在燕塘的飞机制造工厂，是一座砖木混合结构的平房，在沉寂了大半年之后，厂房一下子热闹起来。在这里，冯如他们要装配一架从美国带回来未完工的飞机，同时还要再制造一架全新的飞机。那些从美国带回来的零部件派上了用场，由于有一架冯如二号飞机从美国带回来时已经初具模型，因此很快就装配完毕；而另一架飞机则需要完全在广州制造。由于一些零部件生锈变质，在装配完那架半成品的飞机后，所剩可用的零件已经不够制造一架完整的飞机，因此，冯如和同事们决定就地取材，这是中国人在中国国土上制造成功的第一架飞机，标志着中国飞机制造事业的开端。1912 年 9 月广州出版的《时事画报》和大约同时在上海出版的《真相画报》第八期都刊有这架冯如在广州燕塘制造的飞机照片。从图片上看，这架飞机与先前在美国表演飞行的"冯如二号飞机"无论在外形上还是结构上都十分相似，在制造这架飞机时，冯如所依照的原型图纸就是他先前带回国内的那架冯如二号飞机。同时，他还在有限的时间内尽力对飞机的一些部分进行了改进。例如，冯如决定放弃原先设计为双帆的升降舵，采用单帆的方式制造；为了防止飞机在地面滑行时侧倾所导致的机翼与地面磨损，冯如还在飞机机翼下侧两端各增加护翼弯杆一个，如此一来，飞机的稳定性和安全性都大大提高了。

就在冯如筹办广东革命军飞机队的同时，世界上第一个将飞机应用于实战的战例出现了。1911 年 10 月，意大利和土耳其为争夺北非利比亚的殖民利益而爆发战争。11 月 1 日，意大利的加福蒂中尉驾驶一架"朗派乐"单翼机向土耳其军队投掷了 4 枚重约 2 公斤的榴弹。这次轰炸任务都是由经过改装的侦察机来进行的。炸弹或炮弹垂直悬挂在驾驶舱两侧，待接近目标时，飞行员用手将炸弹取下向目标投去。虽然战果甚微，但这是世界上第一次从空中对地面进行的轰炸。

这一新闻，让冯如更加坚信将飞机投入战争的可能性。为了尽快将制造成功的飞机投入使用，他以广东革命军飞机长的身份向革命政府请战，希望参加北伐的战斗。当时，除了冯如组织的广东军政府飞机侦察队，还有几支革命飞机队也在筹备中。这其中就有著名的华侨革命飞机团。该飞机团是孙中山在辛亥革命爆发后为了增强革命力量而号召北美华侨组织的。爱国华人华侨在中华革命党美洲总支部的领导下，以"美洲三藩市飞行器公司"名义筹募经费和征集飞行、助理人员。侨胞纷纷捐资，在美国购买了"寇蒂斯"飞机6架，委派李绮庵、余夔等23人，于这一年12月30日和次年1月6日，分两批运抵南京，准备与冯如的广东革命军飞机队遥相呼应，支援革命政府。就在这时，另一支革命军的航空队也在上海成立，担任队长的就是著名的飞行家厉汝燕。厉汝燕曾留学英国，在布里斯托飞机制造厂和该厂飞行学校学习飞机制造和驾驶技术，毕业后获得英国皇家航空俱乐部颁发的飞机师执照。1911年底，厉汝燕受革命军政府委托，在奥地利选购"鸽"式单翼机两架回国，被委任为上海军政府航空队队长。

很快，广东革命军飞机队、上海军政府航空队与华侨革命飞机团成立的消息传到了北京紫禁城，垂帘听政的裕隆皇太后联想到革命军的飞机将飞临她的皇宫投掷炸弹和清政府必然覆亡的命运，又急又怕，竟一度哭了起来。1912年2月12日，末代皇帝溥仪宣布退位，中国最后一个封建王朝由此终结，北伐告一段落。冯如尽管没有来得及参加北伐，但是他担任北伐革命军飞机长一事，一来对清政府造成了威慑，二来鼓舞了士气，同时也开创了广东历史上最早的空军部队，开国人眼界，并促使孙中山和新政府更加坚定了发展空军的决心。孙中山把航空人才视为"吾党人才中不可缺"，不仅呼吁同人重视，而且亲自筹措、网罗人才。所以，有历史学者称，冯如虽然来不及北上参加作战，但由于他是中外闻名的飞行家，他担任广东革命军飞机长一事，有力地壮大了革命声势，在促使清朝末代皇帝溥仪宣布退位上，产生了一定的影响。这一论断是有依据的。

冯如开风气之先，制造飞机，让海外华人为之振奋；也正是因为他的号召力，才有了这么多华人华侨捐钱出力，为革命制造飞机。事实上，国民政府早期的飞行队，都是由华侨掌握了飞行技术后，购买飞机，连人带机回国组成的。我国早期在广东兴办的一些航空工厂，也是得益于华侨在经费、技术、人才、设备上的鼎力相助，有的就是他们直接创办的。因此，孙中山依靠和组织以冯如为代表的华侨对于中国航空事业的发初之功，是不可磨灭的。

"华侨是革命之母"，没有海外华侨的贡献，辛亥革命也很难成功。譬如在广东军政府刚成立的时候，就碰到财政困难，仅省内新军、旗营、民营的给养，便是一笔巨大的开支。张鸣岐潜逃时卷走广东库银，并扬言："革命党即使得广东，不能守三日也。"在这个重要关头，各埠华侨纷纷伸出援助之手，从广东光复至次年5月底的半年间，华侨捐助和借款给广东军政府的经费达175.87万元，解了燃眉之急。

而冯如更是这些爱国华侨中的典范，他不仅耗费大量时间和财力在制造飞机上，还亲自携飞机回国参加革命。这种无私无畏的精神是那一代华人无私奉献祖国的真实写照。

4
献飞家乡

中华民国成立后，国内的局势暂时缓和下来。这个时候距冯如回国已逾一年，在这一年多里，除了最后几个月制造飞机外，冯如和他的公司一直处在被监视的状态，并被禁止一切公开的飞行活动。所以，在这位中国飞天第一人回国后的很长一段时间里，国人竟没有机会一睹冯如的神技。如今，冯如虽没能来得及参加北伐战争，但大家十分期待要看看"中国龙"是如何腾飞的，尤其是上海的百姓已经在1912年4月13日欣赏了一次精彩的飞行表演，广州群众要求冯如飞行表演的呼声便越来越高。上海的表演是厉汝燕做的，为庆祝北伐的胜利和中华民国的成立，厉汝燕驾驶"鸽"式飞机在上海江湾跑马场为群众做飞行表演并散发传单。《东方杂志》第8卷第11号记载了当时的盛况："艇上用汽罐四，风扇用单叶，其形状宛如一燕。入艇后即开机，先由人工力为扶掖，及脱手，一跃而上。距地三十余丈，飞绕赛马场数次，左右高下，无不如愿。观者高呼拍手，或扬素巾，在场欧美人士莫不赞叹称善。"这次飞行很成功，但毕竟厉汝燕驾驶的是奥地利产的飞机，不是中国人自己制造的。

应广大群众的呼声及冯如自己多年来的愿望，他向自己的上级广东军政府陆军司呈请在侨乡台山举行公开的飞行表演。台山县是广东华侨的聚居区，也是冯如助手朱竹泉和朱兆槐的家乡，而且，离冯如的家乡（恩平县）及其助手司徒璧如的家乡（开平县）都不远。这一次飞行表演选择在台山举行，冯如有自己的考虑。他的航空事业从起步到后来的成功，与广大华侨的支持密不可分，因而选择在著名侨乡台山，一则可以作为对广大侨胞们的报答，二则这里离冯如的家乡恩平非常近，也算是圆了自己回国在家乡首飞的愿望。1912 年 4 月的一天，台山县城南门桥附近人头攒动，约有 2000 多人聚集在这里，等待观看冯如的飞行表演，停在空地上的就是那架在广州燕塘制成的飞机。很快，冯如一身戎装出现在人们的视线中，他麻利地登上飞机，准备试飞。飞机飞行的时间虽然不长，但很成功，当这个大家伙在冯如的操纵下翱翔于天空时，所有到场的人都张大了嘴巴，被眼前的一幕惊呆了！在此之前，虽然已有多位飞行家在中国的国土上表演飞行，但他们不是外国人，就是驾驶着外国制造的飞机。而这一次意义非凡，是中国本土航空工业的第一次成果展示，对日后的航空事业无疑是个极大的激励。《冯如研究》一书的作者黄汉纲老师，20 年前（1989年）访问了时年 104 岁的郑尚尧老人，老人曾目睹冯如这次飞行表演。

这次飞行成功产生的轰动效应是不可估量的。冯如的飞行一方面让广大群众大开眼界，开始了解先进的航空知识；另一方面，则唤起国人对祖国航空事业的支持和对航空应用于国防事业的重视。广东军政府也甚为重视冯如的研究和实践，认为冯如应该加大力度、加快速度研制飞机，并在全国进行巡回表演，以示国人。因此，冯如在这次试飞后的几个月里，又回到燕塘的工厂，和他的同伴一起继续从事研究工作。这期间，冯如主要是将原先实际飞行所获的经验、教训与既有的技术结合起来，对现有的飞机结构进行调整、修理，以便在最大限度上发挥其性能。

第七章

英雄挽歌

1
燕塘试飞

1912年8月5日，经国民临时政府批准，冯如在广州郊区做第二次飞行表演。在批准飞行表演后，冯如和他的广东革命军飞机队准备进行第二次试飞，地点就定在广州燕塘的圩口操场。冯如和助手马上在广州燕塘搭建了一座砖木结构的平房，作为广东飞行器公司厂址。他们用了几个月时间把"冯如二号"做了修整。冯如对这次试飞非常有信心，他多次呈请陆军司定期为民众表演飞行，以普及航空知识，宣传航空救国思想，发展航空事业。

广东的8月空中没有一丝云，头顶上一轮烈日，没有一点风，所有树木都无精打采地、懒洋洋地站在那里。知了不住地在枝头发着令人烦躁的叫声，像在替烈日呐喊助威。

1912年8月22日，即燕塘机场试飞前几天，早上冯如召集几个助手开了简短会议。主要是拿飞行资料、飞行计划、天气等资料进行阅读和核对，讨论一下最近国际上出现的航空事故，对飞机各项部件再进行一次检查。

在美国制造的飞机升降舵为双帆，上次台山表演的飞机改为单帆，其下机翼两端各增加一个护翼弯杆，可以防止飞机在地面滑行时因倾侧而致机翼与地面摩擦受损。冯如对几个助手说："上次台山表演总感觉操纵飞机抬头或低头时没有这么灵敏。"朱兆槐说："可能是飞机升降舵由双帆改为单帆的原因？"冯如说："估计是，操纵升降舵向上偏转，此时升降舵所受到的气动力就会产生一个抬头的力矩，飞机就抬头向上了。反之，如果驾驶员操纵升降舵向下偏转，飞机就会在气动力矩的作用下低头。但现在发动机功率低，动力不足。再加上飞机重量大，制造机体的材料大多是木材和蒙布。靠发动机的动力很难升空，如果改用双帆，有两个翼面，机翼总面积较大，这样即使在低速条件下也能产生足够的升力，操纵也容易、机动性也能改善。"朱兆槐听后猛然醒悟，从椅子上一跃而起，说："我们马上行动，把单帆改为双帆！"冯如和几个助手马上修改机翼。

冯如使用双帆的想法其实是吸取桥梁建造方面的经验，他把上下机翼通过支柱和张线联成一个桁架梁，增加结构受力高度，以提高机翼刚度，减轻结构重量。

飞机检查和修改完毕，冯如回到下榻的客店，三菊已经烧好一碗恩平濑粉给夫君。濑粉是从家乡带来，经过选米、清洗、浸泡、打粉、和粉、成形、老化、松粉、晒干、凉冻、包装、成品等十几道工序做成，恩平濑粉表面光滑，粗细均匀，无粘连，色泽均匀，煮后不糊汤、不粘条，入口软、韧、爽、滑，吃起来有韧性。配上莲藕焖猪手或烧鹅、叉烧、青菜，味道咸淡适宜，十分爽口。冯如大口大口地吃着，发出"嗦嗦"声，是家乡的味道啊，冯如说很久没吃过家乡菜了。三菊说，以后必定多烧给你吃。

三菊兴奋地问，明天自己穿什么衣服，才能让飞到云里头的夫君好从人群中找到自己呢？要不穿旗袍，代表"旗开得胜"。冯如哈哈哈地笑起来。三菊接着说，能够在自己国家试飞是好事，也让乡亲父老看看这几年你到美国制造飞机不是白白浪费时间。冯如说，华侨在经费上对我们支持很多，不能辜负这些爱国华侨。最重要的是希望通过这次试飞，能让洋人知道中国人也能自己制造飞机而且飞上天，还要宣传"航空救国"思想。

可是转眼间三菊一点笑意也没有了，把脸沉下去，原因是她今天到制造厂看过"冯如二号"，想到在台山飞行表演时飞机上升到一两百米的高空，人在高空，没有任何保护措施，看得她心惊胆战，万一出事咋办呢？三菊脸色一变，又接着说，听说莱特兄弟发明飞机，1908年当弟弟奥维尔·莱特首次载人飞行时，却直接把乘客给飞死了。冯如听了，斩钉截铁地说，不用担心，飞机的零件我们都检查过，而且有之前在美国、台山试飞成功的经验，这次试飞万无一失。冯如一谈到飞机，表情淡定又自豪。三菊虽然听不懂飞机什么构造啊、性能啊，但是她还是不放心，接着说，上次在台山试飞已经很成功了，父老乡亲都看见了你的能力。现在怀上小孩，也是我们期待已久的事。我生怕出什么状况，这次不如由你的助手试飞？冯如不容三菊说完，坚定地对三菊说，现在我已投身革命，为广东革命军政府飞行队队长，在民族大义面前怎能退缩呢？小孩应该也不希望他父亲是一个贪生怕死、临阵退缩的人。三菊还想说，可是，可是……，冯如安慰她说没事的，我会安全回来，我想吃黄鳝饭，你明天做好黄鳝饭，鳝骨滚箜菜汤等我吧。冯如故意岔开话题，三菊知道无论如何劝说，冯如亲自试飞的想法是不会改变的，想到决不能扰乱飞行员试飞前的情绪，她沉默不语，低着头，眼睛有点湿润，泪水在眼眶里打转，她强忍着不让泪水掉下，不让丈夫有一丝的担心，只是轻轻地抚摸着肚子，好像安抚肚子中的小孩。冯如那双眼睛，明亮如繁星，清澈如纯水，目光坚定，渐变温柔，轻轻地抚了抚三菊头发，用一双温暖的手臂把三菊拥入坚定的胸膛。

第二天上午9时许，燕塘附近早已人山人海，车水马龙。从咨询局到燕塘的官方道路更是壮观。马车、黄包车、轿车和两条腿走路的人在尘土中滔滔不绝，波涛汹涌，人声鼎沸。根据当时的报纸报道，这一次来观看冯如试飞的各界人士达到一万多人。

这一天是 1912 年 8 月 25 日，冯如将在燕塘机场"放飞机"。人们的热情与一年多前看比利时人云甸邦放飞机时大不相同，这回是看中国人放自己造的飞机。对于当场的绝大数人来说，飞机简直是天外之物，而这一次是第一次见到飞机，也是第一次见到在天空中飞翔的飞机。事实上，也是中国人第一次在中国自己的领土上用中国人自己制造的飞机进行的飞行，这在中国航空史上是划时代的一刻，是标志性的一幕。

中国第一次飞行表演，是法国人环龙 1911 年 1 月在上海进行的。接着同年三月初，比利时人云甸邦同样在燕塘举行了来华后的第一次飞行表演。因此，两个外国人在中国的飞行活动几乎是同步的。广州博物馆还有一则《飞机师云甸邦在燕塘表演飞行》的简报，简报介绍当时飞行现场有乐队助兴，还有答记者问。

燕塘机场位于中国广东省广州市天河区燕塘村附近，是广州的第一个机场。一年前，比利时飞行家云甸邦到广州进行飞行表演，他在燕塘村找到一片开阔的草地，他把这片草地作为飞机场，并对这片草地进行了一番精心得修整。这片大草地芳草茵茵，一股清新的青草之气扑面而来，草地青翠欲滴，平坦开阔，今天又是一个晴朗无云的好天气，非常适合试飞。

在燕塘机场，用木板、竹子、尼龙布等临时搭建一个看台，政要和嘉宾都在临时看台的贵宾席就坐，男的穿长袍马褂，洋装，中山装，唐装，还穿起皮鞋，女子穿旗袍或短棉袄长裙，打着洋伞，手拈香扇、羽扇。与冯如同乡的农民组团到广州也来支持他，他们穿着传统的袄裤，头戴毡帽或斗笠，脚穿着自家缝纳的布鞋。军警把看台的嘉宾与现场围观的人分开。人群中，有人手捧鲜花，有人手持国旗，都在急切地盼望着那一刻的到来。

冯如和几个助手早早地就把飞机推到了起飞线上，飞机就停靠在操场上，围观的人纷纷议论，啧啧称奇。有的说，洋人驾驶自己设计的"大鸟"飞上天空，中国人能行吗？有的说，我听说洋人很早就发明载人热气球，气球下面燃着熊熊烈火，下面吊挂的笼子里载着一只羊、一只鸭和一只公鸡，飞得很高很高，最后落地时这三只家畜家禽还是活生生的。后来还载人升空，人也活着回来了。这冯如的飞机靠什么升空呢？听说是用75马力的发动机。大家你一句、我一句，不停地讨论着。围观的人，人头挨着人头，黑压压，大家都伸长脖子，踮起脚尖看。

飞行表演定在11时开始，10时过后，蒋尊篮、邓仲元等军政大员也陆续到场。胡汉民都督外出未归，否则也是要来看的。

不一会儿，人群中分出一条道路，几个年轻人身着军装出现在飞机旁边，为首的一位精神抖擞，头戴飞行帽和防风服眼镜，足蹬一双长筒皮靴，他就是冯如。他们健步走向飞机，人群中响起雷鸣般的掌声，恩平乡下来的父老乡亲还向冯如不断地挥手、欢呼。

这天早上三菊突然又说不来机场了，说在工厂门前也能看得见。冯如见她眼圈发暗，就知道她没睡好，没准做了什么梦。

冯如在试飞之前，先站在舷梯上，让大家听他演讲。这会儿，他正被各界人士围在飞机旁，他为大家讲解了飞机的性能、结构、制造过程和驾驶技术。他介绍，"冯如二号"是他经过三个月的时间研制的，是双翼单发活塞式飞机，主要有5个部分组成，机翼、机身、尾翼、起落装置和动力装置、操纵系统和机载设备等。机身长 9.45 米，主要装载飞行员，同时机身也将飞机其他部件连接在一起形成整体。机翼长 10.93 米，机翼能产生升力，使飞机具有横侧安定性和操纵性，还安装发动机、起落架、油箱及其他设备。机高 2.30 米，最大起飞重量约 476 千克，发动机是 75 马力，螺旋桨每分钟转动 1200 转，最大速度约 105 千米／时。他精干而帅气地侃侃而谈，众人听了，莫不鼓掌称赞，记者的相机也照个不停。

一位记者问，飞机有什么作用？

冯如说，飞机的作用可大了。飞机飞行不受高山、河流、沙漠，甚至海洋的阻隔，用飞机可以穿越一些人迹罕见、艰难险阻的地方。最大的作用还是用在军事上。

讲到飞机用于军事，冯如又侃侃而谈，飞机可用于空中侦察，低空飞行，飞得又慢又稳，飞行员和观察员就可以很"惬意"地从机上观察地面情况，并可用相机拍摄照片，获取战役情报；用于轰炸，过去列强侵略中国都是从海上来的，我一直想，如果我们用千百架飞机守住各港口，就可把敌人堵在国门之外；可以在飞机上安装火力很强的机枪，机枪固定在座舱前的机身上，沿飞行方向射击，或向地面、向海面射击，阻挡敌人进入我国领土；还能运输，运输各种军用装备，最快实现军用补给。

另一位记者问，您刚才提到飞机能用于军事，能守住国门，还能抵抗敌人的侵略，在世界战争中，闻所未闻呢，您怎么这么肯定飞机有如此广大的神通？

冯如笑着说，这架飞机有这样的技术优势。只要有三四个篮球场大的地方就能起飞降落，飞机在天空就像巨人一样，而敌人就像小人国，飞机在天空盘旋一圈，已经对地面情况了如指掌，就如同巨人与小人国决斗，你说哪个赢哪个输？加强军事装备，现代战争必定使用飞机。

倘若用千百架飞机分守中国港口，定能确保内陆安全。中国要强大，必定要在空中使用飞机，就好像在水路使用轮船一样的道理。

众人都鼓掌叫好。

记者继续追问，军政府有使用飞机作战的打算吗？

冯如似乎很乐观，他说，孙中山先生看到英、美、法、日等国航空工业的发展对军事发展和国家建设产生了重大影响。他已经得出结论，飞机在战争中会有很大的用处，所以，他要求华侨华人在檀香山成立一家飞机公司，他也鼓励年轻的华侨华人学习飞行技能。据我所知，光复以来，武昌和上海都成立了航空队。再加上华侨革命飞机团和我们的飞机队，如果我们继续这样做，中国的国防就会得到加强，中国就会摆脱屈辱的阴影，自立于强国之林！

又一阵鼓掌与欢呼。

国家需要我千千万万中华儿女挺身而出，有志之士可以加入我的广东革命军飞行队，学习制造飞机，学习飞行技术。

在场的青年听到都十分兴奋，有跃跃欲试之感。

1911 年 10 月 10 日，辛亥革命爆发。中华民国成立后，冯如加入了革命阵营，被孙中山任命为革命政府陆军飞机长。在广东革命政府的大力支持下，冯如的飞机制造厂有了重大突破，不但生产出了十多架性能优越的飞机，还组建了飞行侦察队。只是，随后南方革命党与北方的北洋军阀达成了协议，故而这些侦查飞机并没有真正出现在战场上。

11 点钟到了，一位手执小旗的校官跑过来，让人群后退，意犹未尽的人群走到场边去。冯如检查了发动机有没有异物。

接着，冯如兴致勃勃地登上自己制造的飞机，系好安全带，抬眼扫视人山人海的观众，又仰头望望爽朗明亮的天空。

他对助手们说，好，我们开始吧。

朱竹泉喊了声，走！便同司徒璧如和朱兆槐推着飞机猛往前跑。

冯如冷静地发动启动机。顿时轰鸣大噪，场内震耳欲聋，犹如电站开闸门泄洪的声音。在场的人们激动地盯着一切，兴奋地交谈着、议论着，有人说："冯如会不会被飞机轰轰地耳聋呢？"另外一人搭话："怎么会，你没看见冯如戴耳套吗？这样能屏蔽外界的噪声。"那时候，看一次飞机表演，犹如今日去看航天飞机发射。此时，几名助手上前扶住机身向前推行，以人工助力的方式加快地面上的起飞速度。飞机开始滑跑起飞，越跑越快。瞬间飞机轻盈地离开临时跑道，斜斜地凌空而上，向东南方向飞去，犹如一只掠过海面的鸥鸟，冲向蓝天。

全场欢呼，掌声雷动。

飞机先爬高至三十米，又爬高至50米时改为平飞，向东南方向飞了约8千米的距离后，又转了回来。灵活自如的飞行姿态，已使第一次见到飞机的人们如醉如痴，更何况这是由中国人自己制造又亲自驾驶的飞机呢！

冯如在空中驾驶飞机，不会像一块石头那样掉下来，虽然整个身子在刚升空时有点落空的感觉，但机翼向上的升力平衡飞机的重量，很快飞机就平稳地直飞了。冯如也很快适应这种感觉，冷静下来，瞪大眼睛看着前方，从高空往下看时，房屋、公路、河流、水库、树林等都变得很小，阳光明媚，如果没有戴防风眼镜，必定会深深地刺痛飞行员的眼睛。强风打在脸上有一点点的痛，这时候感觉耳朵有点胀，就像潜水很深的时候有压力一样。

　　冯如这一次带着使命和希望飞上天了，大家都心潮澎湃，冯如在高空也能听到来自四面八方的欢呼声，中国人一直饱受列强的欺辱，甲午中日战争、八国联军侵华、《辛丑条约》的签订，大家想到国家和人民受到的屈辱和耻辱，现场有人流泪了，但眼泪中蕴藏的是激动和自豪，因为在这一刻，我们中国人驾驶自己制造的飞机飞上天了。

2
献身长空

冯如这一次试飞，和美国的任何一次试飞都不一样。他的心剧烈地感受到祖国同胞对他的信任和支持。他就像在梦里，一个幸福的梦，一个困难的梦。他想起12岁时来到美国谋生，一边工作一边学习机械制造，想到如何克服重重困难，在奥克兰设立飞机制造厂，想要生产制造中国人自己的飞机，但是困难比想象中的要多得多。想到了在奥克兰市的麦园进行试飞。想到过去和现在，他的各种艰辛各种险阻，历历在目。此时，他要控制住自己的情绪。

冯如蹬舵，拉杆，稳稳地调整飞姿和航线。不一会儿，飞机从东面绕了回来，以优美的姿势向观众致意。地面上的观众鼓掌喝彩之声不绝于耳，响彻广州上空。

他绕着瘦狗岭往回飞。飞机灵活自如，这时候飞机的发动机运转正常，螺旋桨旋转自如。这雄伟的飞机，不就像翱翔的老鹰吗？

他驾驶的飞机像一只矫健的银燕，忽高忽低，忽左忽右，看台上嘉宾和地面的观众欢声雷动，鼓乐齐鸣，天上地下连成一体，共同为祖国航空事业的伟大壮举而欢呼。

冯如这时候踌躇满志，终于可以展示鸿鹄之志，中国要驱逐西方列强，必定运用先进武器和军事技术，中华儿女要发愤图强、不屈不挠。他胸中澎湃激荡着"航空报国"的志向，这是家国情怀的交融。

环绕瘦狗岭飞了一圈，飞了大约 3000 米时，飞行高度约 120 米，为了满足兴奋不已的观众，冯如想把飞机飞得更高一些，他拉动操纵杆，拉起机头，他想继续爬升。

冯如行事一向谨慎，飞行时更是这样。在奥克兰艾劳赫斯特广场成功试飞的第二天，《旧金山纪事报》曾报道说，"冯珠九说，在确实掌握空中飞行技术特别是转弯技术之前，他暂不尝试做长距离或更高的飞行。他从经验中得知，导致飞行损毁的原因是急于打破纪录。他也希望从其他人的失败中吸取教训。"在匹满高地初次飞上天后，《旧金山呼声报》也曾报道说，"在未经试验证实性能可靠之前，冯珠九不愿意冒险做更高的飞行，以策安全。"

11 点 10 分左右，飞行表演结束，冯如驾驶飞机准备降落。忽然此时预定的降落跑道上出现了两个嬉戏的孩童。由于 8 月份烈日当空，正是空气对流旺盛的季节，这时风速突然增大。

冯如为了避开这两个孩子，原打算降落改为上升，猛拉了一把操纵杆，他的动作太猛、太急了。

就在这一刻，就是在这一刻，悲剧发生了。

飞机突然垂直向上，导致头高尾低，机身失去平衡。地面上的所有人还沉浸在对飞行的好奇和惊叹中。此时，飞机像一片树叶飘摇颠扑着往下掉。

啊！在场的观众看到飞机往下掉，发出一阵惊叫声。

飞机离地 30 多米时，冯如两脚悬空，身体失去支撑，扯脱安全带摔出飞机。冯如和飞机完全分开，轰的一声，飞机摔一边，冯如摔另一边。机尾碰到竹林，紧接着飞机也坠落在竹林深处，机身摔得七零八落，所幸没有起火。

正站在机场东端的朱竹泉、司徒璧如和朱兆槐拔腿就跑过来。在场军医和红十字会救护人员带着药箱、担架也往出事地点跑。人如潮水一样向冯如坠落的地方跑。蒋尊簋举着望远镜瞭望，对邓仲元说，出事了！冯如从那么高的地方掉下来，恐怕凶多吉少，只要还有一口气，一定要全力抢救他。及时向上级报告情况，马上联系最近的医院抢救！

这一刻，梁三菊在制造厂听到轰的一声，感觉出事了，她猛地捂住双眼蹲在地上，倏然又猛地站起来，疯了似的往出事的方向跑。

飞机坠毁在燕塘陆军炮兵营房背后的竹林里，在营地观看飞行的官兵最先在竹林里找到冯如。见冯如人事不省，身体严重受创，浑身血糊糊的，伤口仍流血不止，他们赶紧轻手轻脚将冯如抬出竹林，让他平躺在地上。他们焦急万分却又无计可施，只好眼巴巴地等着医护人员。

医生赶到后，马上检查，内伤和骨伤不说，冯如的头部、胸部、大腿和手脚多处被铁丝和竹枝刺穿扎伤，最要命的是冯如的大腿动脉破裂，动脉出血像喷泉，这是最凶险的，几分钟即可危及生命。见冯如还有生命体征，值班医生用干净的纱布、棉垫等敷料盖住伤口，但是一块纱布根本止不住出血，很快就染成红色，医生换掉浸染成鲜红色的纱布，再加三四块纱布，再用绷带加压包扎起来。药料太少，难以支撑。在现场简单处理后，大家还是决定用担架将冯如抬至北校场的陆军医院。

在场的观众都跪在地上，默默祈祷：但愿冯如平平安安。

朱竹泉、司徒璧如和朱兆槐跟往医院。

朱竹泉从走廊跑到急救室边跑边哭。大声喊："来人啊，医生啊！"只有一位年轻的护士在急救室值班，喋喋不休地说："谁大喊大叫，大中午不让人休息。今天是大礼拜，医院的主治医师皆放假。都回城里去了。"朱竹泉听了抓狂地说："快给医生电话！"朱竹泉的眼里喷着泪，不是流，是喷。他一手拽住机场值班医生的大白褂，喊道："这里有药品和器械。你尽快治疗他！"医生吓得说："我只是实习医生，还在医科大学上学。我也不知道如何处理。"朱竹泉掐住他的脖子，把他推到墙上。瞪大血红的眼睛大叫，你赶紧去救，去救，去救！躺在冯如旁边的司徒璧如和朱兆槐抬起头，含泪说："大夫，请你快点想办法，拜托！"朱竹泉抓着头发撞到墙上，不停在抽泣着。陆军司司长邓仲元赶到了医院。刚进诊室，朱竹泉一把拽住他，嚷着赶紧救人，说要是早上试演，就不会像今天这样。

邓仲元顾不上他，问医生去哪儿了，护士说去城里了，他立即指派人分头去找，自己也驱车沿回城的路去找。

邓仲元刚走，三菊气喘吁吁一头撞进诊室。

此时的冯如躺在病床上，双目紧闭，浑身是血，那枚黑亮的护身符滑落在干净的白床单上。三菊一声大哭没出口，便腿一软昏死过去。

冯如的脸像一张白纸。他在一片低抑的饮泣声中静静地躺着。

他在飞。

他飞呀飞呀。一张张面孔和他们的声音迎来又逝去。

迷迷糊糊中，冯如看到蒋尊簋拿着委任状：现任命你为广东革命军飞机长！黄杞与他一席长谈，你国家穷、国家弱，你就没有尊严可言。朱竹泉拜冯如为师，冯如对朱竹泉说："日俄战事大不利于祖国，当此竞争时代，飞机为军事上万不可缺之物，与其制一战舰，费数百万之金钱，何不将此款以造数百只之飞机，价廉工省。倘得千百只飞机分守中国港口，内地可保无虞。"餐馆里的白人食客不屑地说："中国人用马桶泼粪阻挡英军，就凭你们能造出飞机？"冯如复信婉言劝慰家中的父母妻子，并毅然决定："飞机不成，绝不回国！"冯树义敲打着戒尺："中国要亡了！"三菊忧心：你不是鸟，在天上飞多危险啊！

他飞呀飞，飞过杏圃村的田间地头，飞过恩平的天地间，在奥克兰、旧金山、纽约的天空，他飞过高山、越过平原、跨过大海，看到冯树义、表舅、谭耀能、黄杞、张南、朱竹泉、司徒璧如、朱兆槐，还有爹娘和三菊。

三菊扑在冯如耳边，泪流满面，轻声呼唤，阿如，阿如！

冯如想动，但是动不了，他无法控制自己的身体，在弥留之际，冯如仍然心系广东飞行器公司和祖国未来的航空事业。他在病床上用微弱的声音对几个徒弟说，刚才空气对流比较强，而且在操作飞行器转弯的过程中，为保持飞行高度，飞行器需要将迎角加大。朱竹泉问什么是迎角？朱兆槐说，迎角是机翼翼弦（机翼前后缘的连线）与相对气流的夹角，迎角超过一定的临界值时，机翼升力急剧下降，飞行器会出现失速下坠现象。冯如口唇苍白，低声地说，刚才飞行器转弯时，因升力降低，需要加大迎角，这时恰好遇到上升气流，使实际迎角加大，飞行器超过临界迎角而失速下坠。朱竹泉三人明白坠机的原因，点了点头，他看到朱竹泉几个点点头，勉励朱竹泉三位助手说，非常遗憾的就是多年来的理想竟自己没有机会亲自实现，我死后，你们不要失去上进心，要知道发展航空事业必须付出代价，这是必经阶段，你要继续前进，不要放弃。

冯如知道前几次也有坠机情况，但都是从几米高的空中坠下，这一次从几十米高空坠下，知道自己是最后时刻了，冯如说，我死后，把我遗体埋葬到黄花岗，与七十二烈士英灵相伴。冯如拼尽力气睁开眼睛，看着三菊；他放心不下爹娘，放心不下三菊和腹中的孩儿，突然间他的眼睛模糊了，三菊的脸也模糊了，他对三菊笑了笑，像是安慰三菊。三菊又开始呜咽，又抽泣。

他看到阴沉沉的天空乌云突然散开，天朗气清，刺眼的太阳穿过重重的红云，直射到他的脸上，几乎睁不开眼，冯如觉得身子变得很轻很轻，张开手臂，随风飘起，飘进红云里，烟消云散了。

一切是多么安详，一切又是多么平静啊！

下午五点医生从城里返回，马上用听诊器听了听，呼吸非常微弱，捏住冯如的手腕，检查是否存在脉搏。医生马上给冯如打了一针，又急忙调整药物。医生把冯如放平，头侧一边，将手交叉放置在胸部，开始胸部按压，与人工呼吸交替抢救。30分钟后，医生直起腰，摇摇头。

急救室顿时爆发出号啕大哭的声音。三菊顿时晕倒过去。

冯如驾机遇难的消息很快传到他的家乡恩平县，冯如老父弱母经过两天两夜的赶路，终于从恩平赶到广州陆军医院门外，但最终没有见到冯如最后一面。冯业纶再一次老年丧子，当场哭倒在地。

3
黄花葬忠魂

孙中山先生听到冯如不幸牺牲、以身殉国的噩耗时，悲痛欲绝，手中话筒悠悠落到桌子上，哽咽地说："上天不公，妒杀天才。我失冯如，彷如断我臂膀，我空军梦破碎！悲哉悲哉！"

9月4日，广东军政府陆军全体人员在燕塘冯如坠机处举行公祭大会，悼念这位中国空军的创办者、中国飞行第一人。在会上，有一百多位陆军官兵到场，蒋尊簋、邓仲元、温德尧等要员也悉数到场，由广东政府陆军司司长邓仲元宣读祭文，其文有云："非常之事，惧及黎民，后起之英，观摩先进。天下事难于创始，不难于踵武；乐于奖劝，必乐于争趋。冯如以聪慧之姿，习飞行之术，殚精竭智，极深研几，不期初次试验，遽遭伤死。当从优抚恤，以慰前烈，俾旌来者。"中央国民政府还特地颁发临时大总统令，补授冯如陆军少将衔，并将冯如事迹宣付国史馆，让其光辉历史永载史册。

各界人士送来很多挽联，其中文学家何淡如的挽联最脍炙人口：

殉社会者则甚易，殉工艺者则尤难，一霎坠飞机，青冢那堪埋伟士；

论事之成固可嘉，论事之败亦可喜，千秋留实学，黄花又见泣秋风。

9月8日，学界同人也决议发起纪念冯如的活动，由广州南武公学出面号召，在海幢寺开追悼会。

南武公学是20世纪初由海外华侨捐资兴建的爱国学校，在著名爱国人士、同盟会会员何剑吾担任校长以后，十分倾向革命，以陈天华烈士之语"坚忍、奉公、力学、爱国"为校训，强调"德、智、体、群、美"五育并重，提倡爱国主义教育，宣扬革命不遗余力。

此次举行盛大的公祭会，南武中学一方面希望表达对冯如的哀思，另一方面也希望唤起年轻学子们的觉醒，希望他们能够继承冯如的遗志，抵御外侮，振兴中华。

在灵堂正中挂着冯如的照片，在它旁侧，伴以陈天华和冯夏威的遗像，他们一个是为抗议日本颁发《清国留学生取缔规则》蹈海自绝，另一个是为美国拒绝废除期满的《限禁来美华工条约》服毒自杀，他们都是为华人和祖国的尊严激情赴死的，该校也曾为两位殉国者开过追悼会，以他们相衬，凸显了冯如无私无畏的爱国精神。

冯如的灵位周围鲜花环绕，香烛缭绕。各界人士吊唁冯如的挽联甚多。何剑吾校长在悼念冯如的挽联中说："飞行大家亦教育大家，伫看我国人材，多生博望；科学时代异神话时代，此后云山历史，不数安期。"南武公学的挽联则用精彩而凝练的语句概括了冯如的成就，并赞叹冯如精神永远不灭："新器发明，方御器乘风，造化胡夺之速；遗规存在，促前仆后继，精神历劫不磨。"情真意切地表达了人们对冯如不幸牺牲的痛惜和悼念之情。另外几位学人则从历史的角度表彰冯如前无古人的功绩。陈寿椿作一联曰："明夷于飞垂其翼，同人先号竟厥功。"陈运生联曰："自输班以来，昔作飞鸢，今作飞机，此倡民艺，同宗不愧同功。"可见，冯如是被当作与鲁班、冯夏威一样的人来怀念。还有一些挽联表达了人们对冯如不幸牺牲的惋惜和哀思，其南武中小学呈的是："伤心化鹤，把臂环龙"，广州督学局撰"太息白云埋素志，又酬碧血洒黄花"，高等学校团体则上

"以身殉道，顺风而行"。

堂内还悬挂着大幅飞机图画。

三菊披麻戴孝，立于灵前一侧。三菊跪在地上一边烧纸钱，一边抽泣。朱竹泉、司徒璧如、朱兆槐也是披麻戴孝，站在三菊身后。

追悼会由南武公学何剑吾校长主持，他介绍参加的各界人士，生前好友，因故不能参加追悼会而送来花圈的人员。灵堂外站着 10 余所学校的师生和 40 多所学校的代表及各界人士，有 1000 多人。前来吊唁的人身着素装，佩戴白花和黑纱，在悠戚的哀乐声中，全体默哀三分钟，向冯如遗像行三鞠躬礼，吊唁的人对三菊说些简短劝慰的话，请多保重，要注意身体，望你节哀。三菊再也忍不住了，又悲痛地哭起来，眼睛都哭肿了。

接着，张筱文宣读祭文。

飞行大家冯如君试机身死后之十三日，本校同人发起追悼，谨为文以祭之。

呜呼！君其殆死耶。君殆牺牲性命以唤起吾人以冒险之志耶。呜呼！至足悲矣。君年十二，辄赴美习飞机业，钻研十余年，始收效，始归国，始致用。呜呼！君其可以死耶。君抛弃邦族，远适异国，在堂二老，念子弥殷，家书促归，公妪娱悦，为家为国，以恩以义。呜呼！君又曷可死耶。虏朝腥德，窃据神器，冠裳污浊，子弟虐刘，豪杰吞声，志士饮恨，君回粤演机，伪将军孚琦往观，为温烈士轰毙，满酋胆碎，我伐用张，义旗高举，夏土恢复。革命之成，烈士首其功，君则其导线也。君又奚可以死。民国初成，列强环伺，横征力战，其争在海，修我战备，首乃飞机。君尝慨然曰：中国积弱，外人侵凌，如得千百万飞机堵御港口，微特足以固吾圉，且足以慑强邻。然则飞机之成，其有以固民国之圉耶！碧目虬髯，将有以夺其势耶！君又安可以死。呜呼！孰知君竟弃其亲并忍弃国民也。呜呼！可以哀矣。抑吾于君之死，又重有伤也。天祚黄汉，共和奠基，破坏方终，国本未固，宗社群妖，煽乱于内，伦敦会盟，警告于外，蒙烟四起，藏云飚急，放身洪涛，同力相济，无如猜心藏忌，门户竞争，贪功怙权，弓鸟罚害。呜呼！阅墙启衅，大盗纷乘，君之死其瞑目耶！后死者其将何以生耶！吾言之，不知涕泪之何从也。呜呼！哀哉！尚飨。

中华民国元年九月初八日

南武公学同人谨上

读完祭文，何剑吾及广东教育界知名人士相继发表演讲，他们怀念烈士、阐发理想、忧国忧民、慷慨激昂的演讲博得了阵阵掌声。

何剑吾校长为了纪念冯如，特从自己薪水中捐出部分款项，在南武公学设立冯如奖学金，以激励学子继续发扬冯如精神，努力学习，为国家之独立而奋斗。

开过追悼会后几天，梁三菊要回恩平了。

她哭在脸上哭在心里哭干了泪水。现在她不哭了，她又恢复了往日的平静。

朱竹泉、司徒璧如、朱兆槐一块儿送她去恩平。冯如殉难第二天，朱竹泉就向陆军司送交了条陈，表示他们要继承师傅遗志，致力于制造演放飞机，把师傅开创的事业发扬光大。

邓仲元和温德尧一早便来到梁三菊住处。陆军司已按胡汉民都督之意，下令表彰冯如首创中国航空伟业的功绩，命令称，"天下事难于创始，不难于踵武，乐于奖劝，必乐于争趋。冯如以聪慧之资，习飞行之术，殚精竭智，极深研几，不期初次试验，遽遭伤死，当从有抚恤，以慰前烈，俾来者"。同时，呈文临时大总统袁世凯，要求按陆军少将阵亡待遇，拨款一千元优恤家属，并将其事迹宣付国史馆。

邓仲元显然已经知道梁三菊怀有身孕，他握住梁三菊的手说，你要多保重身子，我们为冯如后继有人祈福。

梁三菊安静地点点头，安静得像一泓澄澈的净水。

邓仲元挥挥手，命卫兵抬过来装满银圆的木箱。广州军政府决定，在大总统批复前，由军政府先行垫支。

温德尧看看梁三菊，又看看朱竹泉、司徒璧如和朱兆槐，说，这些天，旅美华侨伍平一、赵仲江、赵鼎荣、谭根，还有陈桂攀、谭明、林福元，他们都发来电报，表示要尽早回国，步冯如未竟事业，为救国御侮携机从军，开办造飞机的工厂，振兴祖国航空事业。

说着，晃了晃手中的一叠电文。

斜射进门窗的阳光抖动了一下，仿佛孔雀开屏般忽地绚亮了许多。

冯如驾机殉难后，通过电报迅速传到冯如开始他的航空事业的地方——美国旧金山和奥克兰。旧金山英文日报《旧金山考察家报》，以"中国飞行家在东方遇难"为题，在显著的版面报道冯如失事牺牲的经过。在美国社会，特别是旅美华侨中，引起了深切的关注和悼念。冯如是海外华人中的一员，很多人早已熟知冯如的伟绩，但不料冯如这么年轻就牺牲了，这让华侨深感痛心。弗兰西斯科海湾，有一位美国姑娘徘徊在海岸上。她正是基辛梅小姐，她美丽的脸上挂着痛苦与悲哀，口中不停地说："噢，我天才的冯如，也许你不回到中国，现在可能还活着。"

冯如逝世几天后。人们按照他的遗愿，把他安葬在广州黄花岗七十二烈士墓碑旁。1911 年 4 月 27 日，孙中山先生领导的同盟会为推翻清王朝的统治，在广州举行起义，结果失败，喻培伦等 36 人英勇牺牲，其中华侨 29 人。同盟会会员潘达微，冒着生命危险把散落的七十二烈士遗骸收殓安葬于红花岗（后改名"黄花岗"，黄花即菊花，它的傲霜节操，千秋共赏，比喻节烈），史称"黄花岗七十二烈士"。三菊心里清楚，黄花岗起义中牺牲的很多烈士都是国家栋梁之才，他们放弃富足的生活，投身革命，他们都对祖国有着深沉的爱，夫君要安葬在黄花岗七十二烈士旁，想必是遗憾生前未能为辛亥革命大业做更多贡献，死后便想与黄花岗勇士九泉下共眠。与先烈们继续完成中国民主革命！

三菊想到夫君的墓地做最后道别，准备回恩平县。但是按照习俗孕妇最好避免扫墓，一方面说阴气重，另一方面三菊怕见到夫君墓地又悲痛起来，这对胎儿影响不好。梁三菊唯有嘱托朱竹泉、司徒璧如和朱兆槐去拜谒冯如君墓，以寄托对夫君的思念。三菊前一天晚上准备好祭祀用的东西。第二天，朱竹泉、司徒璧如和朱兆槐三人来到黄花岗，他们走进巨大的黄花岗公园牌坊，沿着宽阔的中央墓道缓缓前行，心里揣摩着冯如君墓的所在。

中央墓道终端是著名的辛亥革命七十二烈士墓和纪功坊。他们绕着护冢花岗岩石墙默默地走了一圈，隔着铸铁望柱和铁链，凝视方表墓冢、自由钟墓亭，以及墓亭中刻有"七十二烈士之墓"隶体字的墓碑碣。然后，又来到墓后的纪功坊，只见墙体上镶嵌着孙中山先生手书的"浩气长存"四个大字，大门洞石额上刻有章炳麟题写的篆体"缔造民国七十二烈士纪功坊"字样。向北侧的辛亥革命墓区而去，走不远，到了一座方形墓踏前，这就是冯如的墓。

墓碑庄严肃穆，旁边松柏碧绿。冯如墓的墓碑是一座石头砌成的方塔，上小下大，四面刻字。正面雕刻着孙中山先生亲笔撰写大字："中国始创飞行大师冯如之墓"。左右两侧刻有南海张始撰写的民国第一飞行家冯如君墓志铭。铭文如下：

冯如君，字鼎三，恩平人，民国之第一飞行家。纪元（中华民国）8月25日死，葬黄花岗七十二烈士墓左，从其志者。冯君有兄四，均早死。十二岁时游于美，习机器，学于纽约工厂。十年业既毕，慨然曰："是岂足以救国者！吾闻军用利器莫飞机若。誓必身为之倡，成一绝艺，以归飨祖国。苟无成，毋宁死！"华侨壮其言，助之资。一年机成，试演于哥林打市之麦园。厥者再，志不少绥。及纪元前二年，复成一新式机，其飞机达七百余尺。中山先生见之，欣然曰："吾国大有人矣！"自是美国欲聘为教师，张元济介绍于粤督，而均不为用，以非君之志也。前一年自美归，将以绝艺飨吾祖国，适温烈士乘西人演飞机之便，刺孚琦死。君之机又不果演。惟君十余年之大志则未遂。迨夫民国甫造，则以房巢未覆，亟思编飞机为北伐侦察队。同志既集，而南北统一，议又寝。然犹以为效用于民国之日正长也，不谓鲲鹏一举而翼折。岂非天乎！先生年三十，上有父母，下无儿女。闻其弥留时语其徒曰："吾死后，尔等勿因是失其进取之心。须知此为必有之阶级。"云。吾知为人徒者，当克继厥志，君且不死也。余常与一晤，貌甚瘤，知君之苦心焦思者凤矣。兹摭其大略，铭诸墓道。铭曰：天生才，天乃妒才乎？是未可知。祸非常，名乃非常乎？是益可悲。呜呼噫嘻！奈何其志之成而止于斯！

南海张元济撰书

新会冯应光冯丹

飞机次长朱竹泉

碑塔后面镶嵌着 1912 年中华民国临时大总统令：

中华民国元年十一月十六日

临时大总统令：据陆军部呈称"飞行家冯如失慎殒命，请从优照少将阵亡例给恤，并将事实宣付国史馆"等语，应即照准所请，于殒命地方建筑纪念碑，即由该部行知广东都督查照办理。此令。

在石碑正面的右侧镶着冯如的遗像，左侧则是冯如担任广东军政府飞机长后，与三位助手朱竹泉、朱兆槐、司徒璧如的合影。

朱兆槐先清掉墓碑附近的杂草、树枝，用扫把将墓前的垃圾清理干净，并倒入垃圾堆。司徒璧如用数张契钱（长方形的白纸条）交叉叠放在墓顶上，再用泥块或小石块压住纸条。这习俗叫"压纸"，表示钱一定会到达亲人手中。司徒璧如先上三炷香，一根一根插，用左手从右手向左插，插完香再插上香烛。把供酒食果点从篮子里拿出来，有鸡屎藤饼、恩平烧饼、鸡蛋糕、烧鹅、甘蔗、苹果、熟鸭蛋、熟鸡。把三只酒杯三双筷子拿出来，杯在左而壶在右，三个杯子倒上酒。他们参拜三轮后，撕下鸡鹅的下巴和祭品中的上品；另放一碗，名曰"挂盏"，意思是让先人把全鸡全鹅全部祭品接受下来享用。接着把鸭蛋脱壳，对开切成两半，将蛋壳捏碎遍撒祭坛。焚烧纸钱时，用酒往纸钱堆上浇上一圈，以防祭品被野鬼夺去。在墓地削下或者咬下一些蔗皮，以取青绿生机之意。咬下的甘蔗皮会围在墓的周边，铺成一地，不用清扫，这表示有人来探望地下的亲人，子子孙孙繁衍不息。最后，司徒璧如放了一串鞭炮。

所有祭祀仪式完成，朱竹泉有种想要尽情宣泄的感觉，积攒了许久的思念突然被一种强烈的念想驱动着，灵魂深处隐忍的痛处，还有那总会在梦境中出现的回忆，似乎终于可以在今天向默守着一座刻着不是亲人却胜过亲人名字的石碑诉说了。朱竹泉说："冯如兄，人死并不可怕，可怕的是有时生死并不能由你自己。你放心，我们会照顾好三菊，照顾好你父母，你的父母就是我们的父母。"司徒璧如听了朱竹泉的话，思念之情越发沉重，想起他们与冯如共同奋战的岁月，深呼吸，放松，也不禁不住地潸然泪下，想将泪水吞进到肚子里，比什么都难。朱兆槐可以说是这五六个助手里对飞机制造最为熟悉，但是他感觉继续冯如的事业非常困难。朱兆槐说："师傅，你在天堂一切都好吗？我们想继续经营公司，但徒儿现在遇到很多困难，每遇到这些困难，我想如果你在一切都好。"说完，朱兆槐带着深深的心痛和愧疚低下了头。三人在冯如墓前叩了几个头，带着哀伤静静地离开墓地。

梁三菊带着冯如父母回到恩平县。六个月后，三菊生下冯如唯一的儿子——冯崇。

冯如临死前，专门嘱咐他的几个徒弟继续他的事业，把广东飞行器公司继续开办下去。然而，令人遗憾的是，冯如牺牲后不久，广东飞行器公司失去了主心骨和总揽全局的带头人，董事会宣布解散公司，几位跟随冯如多年潜心制造飞机的研究者也不得不四散而去，各奔前程。

冯如死后不久，就有人制作了冯如的瓷像用来纪念。该瓷像高12厘米、宽8厘米，瓷像有裂痕，图像是根据冯如墓碑上的照片复制放大做成的。曾任浙江高等法院院长、中央大理院庭长的恩平知名人士吴汝让，于1933年为冯如遗像（瓷相）题词，赞誉冯如为才识卓绝的空间豪杰。其词曰："其志坚毅，其识卓绝，是科学之伟人，是空军之豪杰。嗟彼苍之忌才，喜精神之不灭。君不见，黄花岗畔，中外人士，莫不香花供奉，崇拜英烈。"

1933年，广东空军为尊崇冯如始创中国航空事业的功绩和历史地位，利用公积金及同人捐款，集资购买了云鹤山冈一片地方，用来修建空军坟场，作为因航空事业而捐躯的人们的长眠之地。由于大家公认冯如是当之无愧的广东空军之父，为了纪念他在中国航空事业中的贡献和辛亥革命中的历史地位，广东空军决定将其墓从黄花岗迁往云鹤岭空军坟场，以示崇敬。"文化大革命"期间，广州的空军坟场遭到严重破坏，冯如墓被毁，冯如后人为免冯如遗骨散失，将其遗骨辗转迁往广州郊区三宝圩附近荒山。打倒"四人帮"后，广州市人民政府于1980年在黄花岗重建冯如墓，将冯如遗骨迁回安葬，并公布为广州市文物保护单位，让其弥留时希望身后长伴黄花岗七十二烈士英灵的遗愿得以实现。

在广州，有关冯如的纪念碑，除了他的墓碑，还有两处，都是在20世纪80年代修建的。其中一个是广东省航空纪念碑，位于广州先烈中路沙河顶的十九路军抗日阵亡烈士陵园内西南侧，是1987年广州市人民政府为纪念中国航空先驱和为国捐躯的空军将士修建而成。纪念碑坐西向东，为方塔形建筑。碑正面镌刻徐向前元帅亲笔题写的"广东省航空纪念碑"八个大字；北面镌刻着孙中山题写的"航空救国"，南面是碑志的内容，镌刻着近代以来为国牺牲的223位航空先驱的名字，其中冯如的名字排在第一个。在纪念碑的左侧竖立一块刻有"忠魂"二字的巨石。

另一个是"冯如坠机处"纪念碑。冯如坠机牺牲后，1912年的临时大总统令曾要求广东军政府在冯如"殒命地方建筑纪念碑，即由该部（陆军部）行知广东都督查照办理"。但是，由于当时时局不稳，军阀忙于混战，这件重要的事就被搁置了。这一拖，就是半个多世纪。到了20世纪80年代末，天河区沙河文化站姚站长和龙洞小学的教师郭纪勇等人，为了纪念牺牲在这里的冯如，决心找出冯如坠机的确切地点。虽然知道是在燕塘，却由于时间久远，没有人能确定具体的地点。他们多方查找文献，也无法确定当时的燕塘到底在什么地方。几经打听，他们找到了历经清末、民国和中华人民共和国成立的当地老人刘光。刘先生给出了答案。原来，当时的燕塘就在现在军体院及对面广东省军区一带。燕塘的名字是因燕塘墟社学，附近有个墟，叫燕塘墟，因此这里就被称作燕塘了。刘老先生回忆说，在他 10 岁（1912 年）的时候，有一天放牛，确实看到一架飞机坠落在那里。后来，花生寮的欧雄老人也证实了这一说法。

广州市文管会得知此事，非常重视，还专程请冯如研究专家黄汉纲先生前去考察。最后，冯如当年坠机的确切地点终于被确定了。1988 年 8 月，得广州市天河区沙河镇政府、沙河文博会会长郭纪勇老师和其他热心人士捐款，以及沙东村民委员会支持，才由天河区沙河文博商议决定在此地点修建一座纪念碑，作为"冯如坠机处"的标志。这座纪念碑就坐落在今广州大道东侧、距今沙河禺东西路交界处约 300 米的地方。碑由广州文管会的崔志民设计，碑文由冼乐书写。碑高 2 米，坐西向东，伫立在一方形台基上。台基高 0.4 米，长 3.74 米，宽 3.3 米，台基正面下有三级台阶，石碑由矮墙环绕。碑身是用白色花岗岩打造，正面刻"冯如坠机处"五字。碑座用砖石灰沙砌成。碑座高 0.645 米，前后两边长 0.89 米，左右边长 0.59 米，向上收缩。基座的正面，镶嵌着一块粉红色的大理石，刻着"中国始创飞行大家冯如于一九一二年八月二十五日在燕塘表演飞行不幸坠机于此殒命黄花岗，沙河文博会立"。1988 年 12 月 15 日，广州市文管会和沙河文博邀请冯如故乡牛江镇政府领导谢荣就，冯如纪念中学校长冯博文，冯如的后人冯汉强、冯淑娟、冯淑婷等与广州文博界的学者专家们齐聚一堂，参加了"冯如坠机处"纪念碑的揭幕式。出席揭幕仪式的，还有沙河镇有关负责人及学校少先队仪仗队，还有广东省博物馆李才尧、易建华，广州博物馆黄汉纲，广州市文管处崔志民，以及在广州的冯如"乡里"冯科工程师。与此同时，沙河镇文化站还出版了《纪念冯如专刊》，阮绍麒、邓敏扬、梁伟贤、樊林、白云、樊积龄、黎元、招家勋、李俭精、姚绍燊、樊和太、郭纪勇等，分别撰写诗文介绍冯如生平，颂扬他的丰功伟绩。2004年，天河区委、区政府为了彰显冯如精神，由区政府出资，在纪念碑旁立起了冯如雕像，供人瞻仰。

1983年12月15日，恩平人民为了纪念中国始创飞行大家冯如诞辰一百周年，进行了隆重集会，在广州的老干部谢创及航空界前辈敖伦、刘锦涛、卢誉衡也应邀参加了纪念活动。中国人民政治协商会议恩平县委员为了纪念和宣扬冯如，牵头倡议筹建冯如纪念中学和冯如纪念亭，得到恩平县人民政府、牛江区公所的重视和海内外广大乡亲的支持。1985年，恩平县人民政府拨款在恩平县城鳌峰山顶建立了冯如纪念馆，馆舍为现化建筑，风格新颖。馆前壁高8.4米，后壁高6.9米，成斜面平顶形，建筑面积303平方米。馆内陈列有关冯如的历史文物、模型、照片。馆前有面积500平方米的广场，中央矗立着高1.95米的冯如全身铜像，并陈列有中国人民解放军空军赠送的战斗机一架。这是一架退役的苏联米格喷气式战斗机，机身上写着："赠给中国第一个飞机制造家、飞行家冯如先生故乡——恩平县。"1月31日那天，为了迎接中国人民解放军捐赠的飞机，冯如纪念馆特地举行了隆重的交接仪式，中国人民解放军广州军区，以及江门市的有关领导出席了这次盛会，冯如的孙女冯淑娟、老干部周天行等做了发言。纪念馆内陈列着有关冯如的航空史料和相关图片，让人们有机会更多地了解冯如。

1989年，冯如的孙子冯汉强斥资60万元，在冯如故居恩平牛江镇杏圃村修建了一座六层高的冯如纪念楼。这座楼在村子里显得格外宏伟，天蓝色的外墙面与蓝天融为一体，象征着冯如的蓝天梦。在纪念楼的楼顶，一架飞机模型赫然而立，这是冯汉强按照冯如二号飞机而模仿制作的。纪念楼里陈设着冯如的画像和他设计制造的各种飞机模型，以及驾驶飞机的照片和他生前用过的生活用品等。这是我国第一家私人承办与飞机有关的博物馆，也是恩平第一家私人博物馆。在筹办之初，冯汉强的想法得到冯家族人、冯如海外的亲戚，以及冯如研究专家的大力支持，纪念楼的资料也很快充实起来。如今，每到节假日，这里都有慕名而来的参观者，让杏圃这个平静的村庄变得热闹起来。为了能让更多人了解冯如，学习冯如精神，冯汉强不计个人得失，对游客免费开放冯如纪念楼，还常常自任讲解员。

冯如家乡的人民还通过各种方式来怀念冯如。1983年12月15日冯如诞辰一百周年之际，恩平县（现恩平市）政府决定把冯如故居列为恩平市重点文物保护单位，加以保护。冯如故居位于广东省恩平市牛江镇杏圃村。故居建于清代，硬山顶建筑，山墙外皮为青砖砌筑，内墙为泥砖垒筑，建筑面积52平方米，有一廊一房一厅，冯如曾在这简陋的小屋子里度过了他的童年。供国内外游客参观。2012年10月20日，冯如故居被列入第七批广东省文物保护单位。

恩平是冯如的故乡，而恩平人民把冯如当成他们的骄傲，希望子子孙孙能够永远记住这个飞天的祖先。恩平县政协在纪念冯如诞辰一百周年活动时，发出筹建冯如纪念馆、冯如纪念中学、冯如纪念亭和冯如塑像的倡议。这一倡议得到了恩平人民和广大祖籍恩平的海外华侨响应，他们纷纷捐款资助。

1985 年，恩平教育局决定以冯如名字命名一所中学，并选定了始建于 1960 年、位于冯如故居附近的牛江中学。校园里立着一座冯如纪念铜像，下面是水泥基座，上面是铜像。基座的四周刻有文字，正面用行楷写着"中国始创飞行大家飞机创造师冯如先生纪念铜像——牛江镇政府立"，其他三面刻有冯如传略，简要介绍了冯如的一生。学校建立以冯如精神与航空特色相结合的校园文化，秉承"探索、创新、勇敢、爱国"，在学生中广泛开展科学教育活动。建校几十年来，英才辈出，桃李满天，声名远播，学校先后被评为"恩平市美的学校""恩平市优秀家长学校""恩平市'高效课堂'改革示范学校""江门市法治校园""江门市人文社会普及基地""广东省航空科普特色示范学校""中国航空科技教育特色示范学校""广东省青少年科学教育特色学校"称号。在冯如中学上学的学生，基本是冯如乡亲的后代，对于冯如，这些孩子感到既亲切又自豪，都希望将来能像冯如一样，为祖国强大富强作出贡献。

2009 年 9 月，在广东江门恩平举行冯如文化节开幕式暨冯如飞天一百周年纪念活动。纪念活动包括冯如广场和冯如塑像揭幕、航模表演、中国航空史展览、冯如故居重修揭幕仪式、书画摄影展览等系列活动，以纪念这位伟大的航天先驱的不朽功绩。

2019 年 9 月，纪念冯如飞天 110 周年纪念活动在广东江门恩平举行。系列活动包括冯如纪念中学举办的"冯如之炬"航空航天科普进校园活动，2019 年江门市中小学生科技创新教育系列活动观看冯如宣传片、举办"弘扬冯如精神 共筑伟大梦想"主题演讲会。大力弘扬冯如精神和航空报国精神，鼓励青少年树立远大志向，共筑蓝天梦想。

2019 年 9 月，为了纪念中国航空事业 110 周年，中国航空工业集团有限公司组织相关专家按 1∶4 复员"冯如 1 号"模型捐赠给中国科技馆。冯如的事迹是中国特色航空文化的源头，包含着忠诚爱国、不怕牺牲、科技创新、强军救国等丰富内涵，其事迹激励着一代又一代国人立下航空报国的志向。

第八章

永启后人

1
中国革命空军之父

尽管冯如的徒弟们由于各种原因没能继承他的衣钵，但这并不意味着中国航空事业就此止步，冯如的失败让更多的人投入这一事业中。正如上海《时报》1912 年 9 月 10 日在《冯如飞机毙命详情》中报道的，"最奇者，冯如死之翌日，即有人赴陆军司上条陈，又请领款演放飞机矣"。

孙中山可以称得上中国近代航空事业的奠基人。孙中山认为"飞机自有不可预计之处"，航空人才为"吾党人才之不可缺"，十分重视罗致和培养航空人才，组建航空队伍。正是在他的号召下，冯如努力制造飞机，参加革命。是孙中山和同盟会引导冯如走上革命道路，也是孙中山鼓励冯如在国内革命战争中创建空军。

孙中山对冯如研制飞机给予极高的评价。1924 年 4 月 26 日孙中山在广州国立高等师范学校演讲中的一段话：

"比方最新发明大机器，是飞天的机器，也是一种很危险的东西，最初发明的时候不知道死了多少人。像从前广东的冯如，他是什么人呢？就是制造飞机的人，就是驾驶飞机跌死的人。在从前发明飞机的时候，没有人知道用这个机器去飞行，所以，制造飞机的人又要做飞机师。最初做飞机师的人，一来由于管理这种机器的方法不周密，二来由于没有经验，不知道怎么来用这种机器。所以，飞到天空之中，常常跌倒地下，死了很多人。因为死了很多的人，所以，普通人便不敢去坐飞机。现在，管理这种机器的方法很周密、许多人都知道飞到了天空之中像鸟雀一样，来往上下，非常方便，非常的安全。所以，就是普通人都敢去坐这种机器，近来便把它用作交通的机器。"孙中山先生在这里把冯如看作中国航空事业的开路人。

2009 年 5 月 25 日上午，中国人民解放军空军司令员许其亮上将在北京隆重举行纪念中国航空百年和空军成立 60 周年活动的启动仪式上指出："'中国航空之父'冠名给冯如——这位伟大的爱国者，中国航空事业的先行者是当之无愧的。"

第二天的《中国国防报》发表中国工程院院士冯培德的文章《国人不可忘却之冯如精神》中讲道："冯如之于中国航空，如莱特兄弟之于世界航空。他是当之无愧的'中国航空之父'。"

中国航空百年，始于冯如先生的那次伟大的飞行。可以说，是冯如先生开创了这个时代。冯如先生以其短暂的一生，却作出了不平凡的伟业。尤其是他所展示出的种种品格、精神，至今照耀着中国百年航空史。他是当之无愧的"中国航空之父"，他之于中国航空，如莱特兄弟之于世界航空。对于今天的航空界，甚至对于当代的每一个国人来说，"冯如精神"都是一种不可忘却的至为珍贵的非物质文化遗产。它是我们民族精神的重要组成之一，也是号召和鼓舞我们今日国家航空事业再次腾飞的重要动力和旗帜。"冯如精神"至少包括三方面的内涵。

其一，振兴中华的大志及科技报国的宏愿。冯如先生从小就立有大志。当时中华民族积贫积弱，清政府腐败无能，侨居海外的他，决意以振兴中华为己任。当时，随着莱特兄弟的成功，航空已作为最先进的科学技术登上历史舞台，影响到各个方面。冯如敏锐地意识到飞机在未来世界发展中的作用和地位。可贵的是，在试制成功世界先进的载人飞机，并成为世界知名飞行家之后，他拒绝了美国人的高薪聘请，不顾国内航空环境空白、器材严重不足等困难，毅然将自己在美国创办的飞机制造厂迁回祖国，将自己研制的两架飞机带回祖国，为祖国开拓航空事业。他还是第一个提出航空救国思想的中国人。回国后，他奔走呼吁，大力倡导航空救国思想。他说："吾军用利器，莫飞机若，誓必身为之倡，成一绝艺，以归飨祖国。"他认为"倘得千百只飞机分守中国港口，内地可保无虞"；"中国之强，必空中全用飞机，如水路全用轮船"。为此，特提出以"壮国体，挽利权"的口号作为开创航空的宗旨，号召国人共同努力，强大国家，抵御外侮。

其二，自主、自力、自强，创新进取的精神。冯如先生研制成功的飞机，是第一架在没有外国人指导下完成的载人动力飞机。据史料记载，他的飞机，汲取了当时比较先进的"莱特型"飞机的优长，参考和吸取了"花曼""寇蒂斯"等型飞机的特点，在机翼、起落架、机体结构等方面，都做了许多独特的改进，最终成就了当时世界上独一无二的"冯如型"飞机。他的第一次飞行，高度、距离都超过了莱特兄弟的首次飞行，是当时世界上第一流的。而且，当时航空在全世界范围内都还是一个少有人涉足的尖端领域，作为一名从科学技术相对落后，甚至封建迷信思想尚很深厚的国度走出的青年，冯如自信地涉足高科技领域，不妄自菲薄，不空谈，低调而扎实地努力，大胆探索，敢于创新，敢于抢立世界科技前沿，这样的精神尤值得后人学习和仿效。

冯如先生在自己短暂的一生中，创下多项第一：他不仅是我国航空史上第一个飞机设计家、第一个飞机制造家、第一个飞行家，还是第一个革命军飞机长、第一个民办飞机制造公司的创办人。这么多的"第一",足以说明,冯如先生是一名敢于探索、勇于担当、极富创新精神的先驱。

其三,刻苦钻研,坚韧不拔的精神。冯如先生一生,对自己钟爱的事业锲而不舍,直至舍生忘死。他没受过多少正规学校教育,但凭着矢志攻坚的精神,始终如一地坚持学习,弥补了这一弱点。在环境不允许他既陪伴父母妻子,又不放慢发展祖国航空事业的速度时,他宁愿舍弃陪伴父母妻子,把精力完全投入事业。倾其全力于航空科学,不怕艰苦、不避危难。

1912 年 8 月 25 日,在国内做飞行表演时,冯如先生不幸因飞机操纵系统失灵失事,身受重伤,又因救治不及时而牺牲。弥留之际,冯如先生仍心系祖国航空事业,吃力地把失事原因告诉助手,并勉励他们"勿因吾毙而阻其进取心,须知此为必有之阶级"。又嘱将其遗体葬于黄花岗,俾能与七十二烈士英灵长相做伴。

今天,我们重拾冯如精神,对于提振国家的航空事业,弘扬我们的民族精神,都有特殊的意义。

第一,启示国家航空事业发展及国家空中力量建设。

今日世界,综合实力靠前的强国一定是航空大国。而一个国家的航空工业水平、所拥有的空中军事力量的强弱,国民的航空意识,国内航空运动开展的氛围,都在相当程度上成为一国整体实力的象征。

未来,我国空天领域的国家利益越来越复杂,安全形势越来越严峻,国家安全、经济利益都与空天发展息息相关。同时,航空高科技是集现代科学技术发展之大成,空军是与现代高科技紧密相联的具有战略地位的军种，二者都需要国家的大力扶持和投入，更需要全民的支持和关心。

第二，振奋民族精神，为国家和平发展提供精神支撑。

当下，我国正处于和平发展的历史进程中。而一个国家的发展，首先需要民族精神的崛起，其次是需要号召一大批志向远大、忧国忧民的青年英才投身于报国的洪流。大力提倡"冯如精神"，对于鼓励年轻人树立远大志向、强化爱国主义精神、积极投身航空事业可以产生很好的影响，对于号召海外侨胞关心祖国建设也有着一定的作用。

第三，弘扬创新的文化，适应时代的需要。

我们国家正处于以科学发展观为指导、积极向创新型国家转型的重要历史时期，需要高举创新的旗帜，在全社会倡导并形成创新的氛围，塑造创新的文化、打造创新的产业。冯如是航空的先驱，也是创新的先驱。他的创新举动，对当代人同样具有强烈的激励和鼓舞作用。

正是在孙中山的号召下，和冯如一样的广大华人华侨为中国的航空事业出资出力。杨仙逸就是继冯如之后，又一位在中国航空事业和革命事业中做出杰出贡献的飞机师和飞行员。杨仙逸号铁庵，取"仙逸"之名，以示景仰孙中山。杨仙逸是夏威夷华侨爱国青年，与孙中山是老乡。早年就读于夏威夷大学，为"航空救国"热潮所影响，赴加利福尼亚州大学攻读机械专科。后又转入纽约的大学攻读水陆飞机结构、性能和驾驶技术，获得万国水陆飞机驾驶执照和"优秀飞行家"的称号。

孙中山一直提倡航空救国。他早在1911年前后就提出"飞机一物自是大利于行军"，并预言飞机将成为"近世军用最大之利器"。辛亥革命后，袁世凯窃取了革命胜利果实，孙中山出走海外，就利用飞机来开展讨袁斗争，他一边组编了中国最早的飞机队——潍县讨袁飞机队，一边号召华侨子弟学习航空，为组建空军做准备。

1914 年，中国国民党驻美洲党总支部长林森带着孙中山的嘱托，来到美国挑选一批有志青年学习航空，并于 1916 年筹资创办了中国国民党空军学校，校址在纽约寇蒂斯飞行学校内。杨仙逸听闻，专程由檀香山赶赴纽约，协助林森发动华侨赞助，并主动要求入校深造。经过两年多的学习，他分别通过了陆机和水机的飞行考试，取得了执照。和他一起毕业的首期学生共有 20 人，他们在美国组成了"中国国民党飞机队"，随时待命。

此时的中国国内，革命正处于低潮期。袁世凯虽死，但军政大权仍落在北洋军阀手中。他们解散了国会，拒不恢复《中华民国临时约法》。1917 年 7 月，孙中山南下开展护法斗争，在广州成立了革命政府，令杨仙逸率飞机队携机回广州参加护法战争。这是孙中山正是创办革命空军的开始。

在回国前，杨仙逸积极协助父亲在美国创办飞机制造公司。他们分别于 1913 年和 1918 年成立了"中华飞船公司"和"图强飞机公司"，其中，"中华飞船公司"在檀香山自制飞机 1 架；图强飞机公司则在招股章程中明确宣示"以展布航空事业，图强中国为旨"，制成水陆两用飞机 3 架。后来，杨仙逸将这些飞机都运回国。

1919 年 1 月，为了早日结束军阀割据的混战局面，孙中山电召杨仙逸回国，决定讨伐盘踞在福建的北洋军。

杨仙逸奉命前往福建漳州，协助援闽粤军总司令陈炯明组建"援闽粤军飞机队"，并担任总指挥。孙中山对杨仙逸寄予厚望，他去信说："足下对飞机学问，研究素深。务望力展所长，羽翼粤军，树功前敌。方今南北和议，虽继续开会，而政局风云变更靡定，援闽粤军关系本党之前途者至巨，得足下相助，定能日有起色也。"

杨仙逸没有辜负伯乐的赏识，他聘请了飞行员，一点一点置办了炸弹、枪炮，慢慢让这支队伍实力强大了起来。

孙中山和杨仙逸畅谈"航空救国"大计，并表示要留杨仙逸在身边，着手创建革命空军。1919年，杨仙逸在福建组建了我国第一支航空队并任总指挥。翌年，他奉孙中山之命驾机回穗，任大元帅府中山飞机队队长，架机轰炸桂系军阀莫荣新在广州观音山（今越秀山）的督军公署，莫仓皇撤走，广州即告收复。为了加快革命空军的建设速度，杨仙逸又奉孙中山之命返回美国，向华侨募捐，杨父也尽倾家资财产，终于购得飞机12架。与此同时，杨仙逸协助国民党美洲支部在纽约建立一所空军学校，聘美国专家任教，召集一批有志振兴中华的华侨青年入学。

飞机队很快迎来了第一次真正意义上的作战。1920年，桂系军阀莫荣新背叛了孙中山，盘踞在广州市越秀山一带，负隅顽抗。孙中山命令杨仙逸率领飞机队回师广东，配合援闽粤军驱逐莫荣新。

1920年9月26日，正值中国传统的中秋佳节，深夜12点，杨仙逸带领两名美国飞机师驾驶着寇蒂斯HH-16（绰号"大鸭婆"），满载炸弹，从虎门水上机场起飞，沿着珠江口北上，不到半小时就飞临广州观音山上空，莫荣新等人在睡梦中被惊醒，在炸弹的火光中，衣服都来不及穿就狼狈逃窜。陈炯明的援闽粤军地面部队未费一枪一弹就开进了广州，避免了一场大规模巷战。

年轻的空军初战告捷，孙中山十分高兴，他高度评价"这是中国空军第一次突破"，"是一次意想不到的胜利"。

此后，孙中山越发器重杨仙逸。1921年5月，孙中山在广州就任非常大总统，任命杨仙逸为总统府侍从武官，委以筹划发展航空事业全权。孙中山十分信任杨仙逸，外出时常由他开车和做保卫工作，许多机要的事情都交给他办。杨仙逸也对孙中山忠心耿耿，福建督军李厚基欲重金聘请他为福州船政局飞机工程车主任，陈炯明见他战功卓著也有意重用他，但他通通推辞不就，一心一意为孙中山效力。

驱逐莫荣新一役显示了空军在战争中的巨大作用。孙中山认识到，革命要胜利，非建立革命空军不可，但由于财力有限，一时难以筹办。关键时刻，又是杨仙逸揽下了这个"烫手山芋"。

当时，革命空军仅有 4 架飞机，实力弱不堪言。杨仙逸按照孙中山的指示，一边挑选青年亲自带往美国学习航空技术，一边想办法在国外筹款购买飞机。可是筹钱哪有那么容易，杨仙逸想到了求助父亲。当他见到阔别多年的父亲时，不等他开口，老父亲就拿出足够购买 4 架飞机的银票，还说"祖国强大，华侨就扬眉吐气，纵使我倾家荡产，也在所不惜"。杨仙逸后来才知道，父亲为此卖掉了经营多年的甘蔗园和田产。

杨氏父子的义举在华侨中引发了很大的反响，大家被他们的精神所感动，纷纷捐款购机。就这样，杨仙逸用筹到的钱购买了 10 架美国 Jenny 飞机，并暂存于美国旧金山附近的机场。不料此事为北洋军阀奸细得知，他们重金雇人潜入机场纵火，将 10 架飞机烧毁了 6 架，杨仙逸数月的心血毁于一旦。

杨仙逸认为不能就这样回去，他和战友想到，可以利用剩下的 4 架飞机到华人多的地方做特技飞行表演，继续募捐。于是在美国、日本等华侨众多的地方，人们看到杨仙逸亲自驾机升空，时而左右盘旋，时而俯冲低飞，用高超的飞行技术征服了现场观众，掀起了又一波捐款热潮。最后，他们终于募齐资金，又购买了 6 架飞机，回到中国。

孙中山对此行大为赞赏，亲笔题词"志在冲天"四个大字，并誉杨仙逸为"革命空军之父"。这件事在华侨中也产生了巨大影响，学习航空的华侨青年争相回国，投效革命空军。有的还携机回国，为中国早期航空事业发展立下了汗马功劳。

革命空军逐渐成长壮大，成为孙中山革命军队的重要组成部分。1920年 11 月，孙中山由上海抵达广州，宣布重组军政府，并在军政府中设立了航空局。

1922 年，孙中山任命杨仙逸为大元帅府航空局局长兼飞机制造厂厂长。他按照孙中山的指示，在广州大沙头创建我国第一家飞机厂，邀请苏、美、德等外籍专家为技术顾问，着手培养新一代飞行人员。孙中山对他这种在"不失主权"的前提下，"任用外才""为我所用"的做法十分赞赏。

当时，革命空军的飞机数量仍少得可怜，从国外购买飞机成为必然选择。广东飞机制造厂厂址设在广州东山新河浦一间废弃的皮革厂内，制作工房与装配车间在大沙头红屋。但这个飞机制造厂实际上只是一个修理厂，厂房里只有一台电锯，技术和资金也十分有限，想要造出飞机似乎是天方夜谭。

就在这样的条件下，杨仙逸和从美国留学归来的黄光锐、杨官宇、周宝衡等组成基本力量，聘请美籍工程师及技工各一人，又从军队中挑选对机械制造较有研究的 20 人为机械员，从国外购买了航空器材和 100 余箱工具，决定仿照美国寇蒂斯 JN-4D 飞机自行装配。

这段时间，孙中山非常关心飞机制造的进展，他经常偕夫人宋庆龄乘船去大沙头视察，杨仙逸也经常乘船去向孙中山汇报工作。

杨仙逸等人在飞机厂非常简陋的条件下，经过几个月的奋斗，硬是终于在 1923 年 7 月 30 日造出了一架飞机。这是在中国本土上生产出来的第一架名副其实的国产飞机。这架飞机木制机身，时速达 128 千米，可挂炸弹 4 枚。孙中山高兴地指出："至于飞机，自己可造，目前完成第一架，比之外国所造者尤甚，此后，当陆续自造，不须外来矣！"

1923 年 8 月 10 日，试飞这天晴空万里，大沙头机场人头攒动，孙中山和宋庆龄也莅临指导。试飞就要开始了，孙中山环顾左右，问谁愿意随机试飞。全场鸦雀无声。这时，宋庆龄出人意料地表示乐意登机。飞机在广州上空做了飞行表演后，安全着陆，大家像欢迎凯旋的英雄一样涌上前去。杨仙逸就是用这架飞机，载着第一位乘客宋庆龄完成了第一次的成功试飞。为表达对孙夫人这种勇敢精神的敬意，在杨仙逸的提议下，这架飞机以宋庆龄在美国读书时的名字被命名为"洛士文一号"。孙中山还当场写下"航空救国"四个字。随后，孙中山与夫人宋庆龄在航空局自制之一号机摄影留念。其后，该厂共生产了 60 多架飞机，是当时我国最有成效的飞机工厂。

正当杨仙逸踌躇满志的时候，他的生命却以一种非常壮烈的方式戛然而止。

1923 年 8 月中旬，陈炯明在惠州发动叛变，为巩固广东革命根据地，杨仙逸随孙中山东征，讨伐军阀陈炯明。航空局组成飞机队，由黄光锐任队长，杨仙逸指挥空军战斗。不料惠州城垣坚固，屡攻不下。紧要关头，杨仙逸召开紧急会议，决定采用大炮轰击、鱼雷暗射、飞机轰炸三管齐下的方式。他认为，惠州城垣坚固，轻型炸弹恐怕难以攻下，若将水雷改为重磅炸弹，可以从空中摧毁惠州城垣，为攻城地面部队开辟通道。不幸的是，在 9 月 23 日，当东征军到达博罗梅湖白沙滩时，杨仙逸在与鱼雷局局长谢铁良、黄埔长洲要塞司令苏松山等研究改装水雷时，突然发生爆炸，年仅 32 岁的杨仙逸不幸与黄埔长洲要塞司令苏松山、鱼雷局局长谢铁良等人同时遇难。

噩耗传来，孙中山悲痛不已，遂以大元帅名义颁发褒令，表彰他"尽瘁国事，懋著勋劳"，追认他为陆军中将，并亲手为其墓碑书写了"杨仙逸先生之墓"七个大字。杨仙逸葬于广州黄花岗七十二烈士陵园，与冯如墓为邻。隔年，孙中山根据杨仙逸生前计划，在广州建立以"仙逸"命名的空军学校，以纪念这位被誉为"中国航空之父"的中国近代航空先驱。

除了冯如和杨仙逸这样用自己的航空技术投身革命的，后来还有一些海外华侨自行研制飞机，也取得过不错的成绩。如爪哇华侨许基新和他的朋友胡劳云，在 1934 年设计制造了一架飞机，名为"VV"号，飞机从巴达维亚起飞，经过新加坡、曼谷、仰光、卡拉奇、巴格达、伊斯坦布尔、布达佩斯、阿姆斯特丹直到伦敦，用时 75 小时。

不过，许基新的事迹已经是冯如去世后多年的事情了。在冯如的年代，飞机还是一个太过新颖的产物，新颖到很多人根本不觉得要发展它。如果不是冯如的航空思想和孙中山一拍即合，恐怕中国航空事业的发展还要再晚几年了。事实上，就在冯如回国以后的辛亥年到民国元年，在广州、武昌、南京、上海忽然出现了几个航空队。袁世凯窃国后，中国的航空事业一度冷落。但是，自冯如将航空事业引进中国后，就注定了这一事业将会不断发展，任何人都无法阻止历史的潮流。

2

"飞虎" 英雄 勇驱倭寇

五邑华侨素来爱国爱乡，他们对祖国航空事业做出了前无古人的杰出贡献，在航空史上立下卓越功勋，使五邑成为著名的"中国航空第一乡"。中国航空史研究会的专家评价："整个中国航空史、空军史实际上是一部华侨航空救国史。"抗战期间，"航空救国"是美国、加拿大五邑华侨华人的壮举。他们有的捐款购买飞机支持国内空军建设，有的直接回国驾机升空作战，有的在各机场做地勤服务，有的在飞机制造厂工作，成为抗战时期中国航空业界的重要力量。在南京中山陵抗日航空烈士纪念碑镌刻的 881 名烈士英名中，有 57 人原籍为五邑。

抗日战争时期，许多五邑籍美国华侨加入飞虎队，投身中国西南部及东南亚的抗日战线，给日军沉重的打击。"飞虎队"（Flying Tigers）全称为"中国空军美国志愿援华航空队"，正式名称为美籍志愿大队（英文：American Volunteer Group，AVG），成立于第二次世界大战期间的 1942 年 4 月，1943 年 3 月被改编为第十四航空队，1946 年 4 月解散，创始人是美国飞行教官陈纳德，因使用插翅飞虎队徽和鲨鱼头形战机，被称为"飞虎队"。由美国飞行人员组成的空军部队，在中国、缅甸等地对抗日本。

1937 年 7 月初，陈纳德抵达中国考察空军，几天之后，中日战争全面爆发，陈纳德接受宋美龄的建议，在昆明市郊组建航校，以美军标准训练中国空军，他还积极协助中国空军对日作战，并且亲自驾机投入战斗。迫于日本外交压力，后来，陈纳德的活动逐渐转为非公开。1941 年，陈纳德在罗斯福政府的暗中支持下，以私人机构名义，重金招募美军飞行员和机械师，以平民身份参战。7 月和 10 月，200 多人分两批来华，队员多半是勇敢、渴望冒险、性格不拘的年轻人，由于形式上并非正规军，他们的战术研究和训练反而得以自由挥洒。不久，他们在昆明初试身手，首战便对日本战机予以痛击，此后并连创击落日机的佳绩，在 31 次空战中，志愿飞虎队员以 5-20 架可用的 P-40 型战斗机共击毁敌机 217 架，自己仅损失了 14 架，5 名飞行员牺牲，1 名被俘。"中国空军美国志愿援华航空队"插翅飞虎队徽和鲨鱼头形战机机首次名闻天下，其"飞虎队"的绰号也家喻户晓。

当时，日本人控制了中国的港口和运输系统，几乎使国民党政府与外界隔绝，这一小队空战人员驾驶着破旧的老式飞机，尽管经常面临燃料、零件和飞行员的不足，仍不断战胜远比他们规模大、装备好的日本空军，他们空运给养，在缅甸公路提供空中掩护，并在中国的绝大部分地区上空与日本人作战。1942 年 7 月 4 日，飞虎队被编入美国第十航空队，成为美国驻华空军特遣队的骨干力量，陈纳德 1943 年 3 月又被改编到第十四航空队，后来升任少将。从 1941 年底到 1942 年 7 月，"飞虎队"在华作战期间共击落日机近 300 架，他们中间有 24 人在战斗中牺牲或失踪。1942 年 5 月到 1945 年 9 月，美国志愿航空队以 3 个中队，数十架飞机的有限兵力，担负中国战场的国际交通大动脉滇缅公路北、南两端的枢纽——昆明和仰光的空中防务，其间还帮助中国运送物资。1943 年，志愿航空队改为第十四航空队，除了协助组建中国空军，对日作战外，还协助飞越喜马拉雅山，从印度接运战略物资到中国，以突破日本的封锁，人称"驼峰航线"。

航线全长 800 多千米，横跨喜马拉雅山脉，沿线山地海拔均在 4500~5500 米上下，最高海拔达 7000 米。从印度阿萨姆邦汀江，经缅甸到中国昆明、重庆，运输机飞越青藏高原、云贵高原的山峰时，达不到必需高度，只能在峡谷中穿行，飞行路线起伏，有如驼峰，驼峰航线由此得名。飞机飞行时常有强烈的气流变化，遇到意外时，难以找到可以迫降的平地，飞行员即使跳伞，也会落入荒无人烟的丛林难以生还，日军飞机的空中拦截也给运输队造成巨大威胁，在这条航线上，中美双方 3 年多共向中国战场运送了急需物资 80 万吨、人员 33477 人，航空队共损失 563 架飞机，牺牲1500 多人。第十四航空队还有力地配合了中国军队的战斗，至抗日战争结束，第十四航空队共击落日敌机 2600 架，击沉或重创 223 万吨敌商船、44艘军舰、13000 艘 100 吨以下的内河船只，击毙日军官兵 66700 名。飞虎队多数队员得到中国政府的嘉奖。

当年陈纳德将军率领的飞虎队队员中有九成左右是美籍华裔，绝大多数是从广东台山、恩平、开平三邑赴美华人的后裔。有 10 多名飞行员获得美、英政府颁发的飞行十字勋章。他们还把头盔、战靴、军服等当时飞虎队的装备捐献给江门市华侨博物馆。

1932 年，淞沪抗战中牺牲的台山籍烈士黄毓全是第一个为国捐躯的华侨飞行员。淞沪抗战爆发后，结婚才 20 多天的在黄毓全立刻归队驾机迎敌，壮烈牺牲。1937 年，抗战爆发，更多的华侨飞行员回国参战，很多人英勇捐躯。此外在各机场的地勤人员中，在飞机制造厂的技术人员中，都有很多五邑归侨的身影。"二战"期间，在世界各地，大批华侨青年纷纷应征入伍，为保护第二故乡而战，赢得了居住国人民的尊重。1943 年 11月，美国国会通过决议废除长达 61 年的排华法案。加拿大与澳大利亚各国也相继废除排华法案，此后，华侨华人在国外的地位相应得到尊重及提高，同时也对侨居国产生了归属感。

恩平籍美国华人张瑞芬是 20 世纪 30 年代蜚声海内外的第一位中女特技飞行家。1937 年，她为支持祖国抗战，飞行各埠向华侨宣传募捐。在美国 200 周年国庆时被授予"美国 200 周年先锋"称号，1995 年在美国庆祝妇女获得选举权 75 周年纪念活动中，美国邮政局以张瑞芬于 1931 年穿着飞行服的英姿照片作为图案，印成纪念首日封发行，成为被美国邮政局选印纪念首日封的第一位华人。张瑞芬飞行 13 年创下了多个记录，她还在"二战"期间，投身反法西斯战争中，在美国教授领航、气象等航空专业知识，为正义战争贡献自己的力量。她的事迹，已载入美国华人史籍和列入美国国家图书馆。2001 年 3 月 4 日，中国驻洛杉矶总领事兰华俊先生代表中国政府向张瑞芬颁发了奖牌，以表彰她名列世界航空先锋名人奖。美国政府以其姓名命名了街道，并划出地段供其种植中国国树。

黎荣福出生在广东台山，现居住在美国。19 岁那年，黎荣福应征入伍，成为了一名"飞虎队"运输机上的报务员，曾执行驼峰运输任务 38 次。

1938 年，年仅 15 岁的黎荣福只身来到了美国。黎荣福记得，当时他身上只带了 15 美元，便乘船离开了家乡。他回忆说，他先抵达了西雅图，又去了华盛顿，最后在费城居住了下来，并开始学习英文。在费城，黎荣福一边读书，一边试着找工作。但当时美国的经济环境不好，根本找不到事情做。后来，黎荣福学到了些电工手艺，便在纽约的造船厂找到一份工作，协助船厂打造战舰，时薪是 1.78 美元。

19 岁那年，黎荣福应征入伍。他回忆，那些征召他入伍的人给他提供了一次考试机会，结果他被分配到了伊利诺伊州的一所军校学做无线电报务员。毕业后，黎荣福便成为美国第14航空队第三战斗物资航空中队的一名航空无线电报务员。

黎荣福与战友们需要驾驶运输机从印度起飞，越过喜马拉雅山，把战略物资运送到昆明，这在当时被称为"驼峰航线"——喜马拉雅山脉的一座座山峰被比喻为驼峰。黎荣福记得，当时有一段时间，他们往昆明运送的是骡子。

"那时的滇缅公路还未修好，前线需要武器弹药及军需物资。这些物资都需要用骡子来驮运。"黎荣福说。"我当时是飞机上的报务员，而且在整个飞行中队，我是唯一的华人。"

几乎每次出任务都要与日本人的战斗机周旋。为了躲避这些日本战机，黎荣福与战友不得不贴着山峰飞行，因日本战机不敢距离山头太近。

"我总共执行了38次飞行任务，指挥官告诉我们，只要飞行30次任务以上即可获得勋章。"因在战场上表现出色，黎荣福共获得了4枚勋章。他说，每次执行任务都很危险。"因为日本战斗机飞得太快了，而我军的运输机速度太慢。"黎荣福的任务是收发报，另外即是关注天气的变化情况。

黎荣福也负过伤，被日本人从飞机上发射的子弹划伤过背部，不过伤得很轻，他当时也未向上级汇报。70余年过去了，黎荣福身上还有那次负伤留下的伤疤。

战争结束后，黎荣福与战友们都回到了美国，又各自回到了家。从进入中缅印战区到离开中国，黎荣福做了近10个月的航空报务员。他说，那是他一生难忘的经历。

"二战"结束后，没有工作可做，所有战时当兵打仗的人都回来了，船厂那时也停止造军舰了。根据联邦的军人安置法案，黎荣福也获得了一些政府的补贴，但生活依然很艰难。

"战争是结束了，但是我自身条件不够上大学。"黎荣福当时既没钱又没有任何技能，"没办法，我就去了中餐馆，从刷盘子开始做起，我刷了三四年盘子，积攒了一点钱。我在洗盘子时也学了一些中国菜，然后自己开了一家中餐馆。"

"早年间，中餐很盛行，我们赶上了时机，用汗水换来了些钱。我们的女儿也都受到了良好的教育。小女儿博士毕业，现在在兰德智库做研究员。"

黎荣福对目前的生活很满足，除了时常想着要去昆明看看外，也就没有其他奢求了。他感叹道："自从离开昆明后，70年来我从未返回过昆明。我很想回到那里去，看看那里发生的变化，可是一直没有机会。我常常想起那段经历，想到那里的工厂、商家与民众，他们应该比以前生活得好了吧。"

今年96岁的伍觉良是纽约华裔退役军人协会董事长，也是飞虎队老兵。

伍觉良1919年出生于广东台山，1937年移民美国，父亲是一个商人，他与人合伙开了一个海产店，1943年正当商店生意蒸蒸日上之际，他应征入伍。

日本偷袭珍珠港之后，美国开始重视中国战场，大批招募美国华裔入伍，编为空军第14航空队，经过短期训练后派往中国和东亚战场。

伍觉良说，他在新兵训练营的第一个工作是厨房打杂。每天早晨3点起床，一直忙到晚上12点，来了一位中校检查，戴着白手套到处摸，摸到一点点黑的就将全部碗盘推入水池，重洗！所以，后来要我到 14 航空队做翻译，我立刻就答应了，只要不再洗碗就好。

伍觉良跟第 14 航空队的其他人一起被送往东亚太平洋战区。当时，日军占领太平洋，美国海军力量很薄弱，根本无法与日本抗衡。我们只能乘小船从大西洋绕道北非和地中海，再进入印度洋。

当时美国没有大船，伍觉良和新兵们被分配到许多小船上。一路上经常遇到德军鱼雷艇威胁。每次遇到德军船只，美军就关闭船上所有灯光，待在船舱不动。希望运气好就能躲过去。伍觉良说，以前我从不祈祷，后来经常看见有船只被炸沉，一听见鱼雷的"嗡嗡"声，我就祈祷，最后终于安全抵达印度洋。

第 14 航空队的任务是飞越驼峰线，穿梭于喜马拉雅山脉之间的印度、缅甸和中国，为中国地面部队担任空中支援、提供后勤保障运输并训练中国军队。伍觉良的职务是翻译。有一次在缅甸，日军占领了一个军事要地，以两挺机关枪把关封锁山头天险。中国军队为了掌握空中优势，下死命令要求一定要拿下山头。军人们不断冲锋，数千人在机关枪前倒下。最后中国军队向美军求援，伍觉良任翻译，美军用迫击跑炸平了山头，帮助中国军队抢回了高地。

余新贤是组建"飞虎队"地勤队、987 特别通信连两支重要华裔部队的关键人物。祖籍今台山市台城街道办事处桂水村委会南乐村，也由于他是台山籍华裔，在他的大力发动下，台山籍华裔应征参加"飞虎队"尤其踊跃，以致台山籍华裔在"飞虎"队伍中显得人多势众。

余新贤 1912 年出生，1939 年移居美国，1942 年初在纽约创办新艺电器公司，职员有其堂弟余新伦、余新振等 24 人。珍珠港事件爆发后，余新贤带领公司全部职员申请，要求加入美国俄亥俄州柏德逊场地第五空军服务司令部，成为政府职员，为国效命。他们通过了口试、笔试后，被录取为无线电修理员。

工作了6个月后，恰遇"飞虎队"要组建地勤队，美国军部获知第五空军服务司令部雇有一队华人平民技术员后，决定把这些技术员编入空军，赴中国对日作战，要求余新贤做好发动工作。余新贤立即征询其属下意见，大家都非常赞成应征加入空军，回国参战，共同抵御日寇。因此，他们成为"飞虎队"地勤队第一批应征入伍的华裔队员，暂时编入第859讯号连，从而接受更多训练。同时，余新贤获任为司令少尉，负责前往学校、中华公所等场所宣传发动，以招募更多华人参加"飞虎队"，回到中国对抗日本侵略者，保家卫国。

余新贤在美国各地号召适龄华裔青年参加"飞虎队"回祖国抗击日寇时，华裔青年特别是台山籍华裔青年热血沸腾，踊跃报名应征。数星期后，美籍华人中有100多人从美国东岸各州前往应征加入空军，在纽约狄斯堡编配入伍，随后派往俄亥俄州柏德逊场地受训。数月之内，人数又增至1000多人。第859讯号连的人员，大部分重新编配到地勤队，有些编配到史迪威将军处服务，该处陆军称第987特别通讯连。队员主要为上述来自纽约区的美籍华人。

最后，应征加入"飞虎队"地勤队、987特别通信连这两支队伍约有1600人，其中95%是华裔，当中大多数祖籍为台山等地的五邑华裔青年，尤以台山籍华裔居多。这批华裔士兵分散在昆明、西安、重庆、芷江等地与中国军民并肩战斗，为飞机升空作战提供了强有力的后勤保障。在"飞虎队"队员中，飞行员只占一小部分，大多数是机械师、维修人员和地勤人员，因为每一位驾机在天上作战的飞行员，其背后都有三四十名地勤人员为之服务，包括配送枪支弹药、机械维修、加油添水、提供食物等，他们都是"飞虎队"一员，都为抗日战争的胜利立下了不可磨灭的功勋。战后调升为上校，获授军功勋章。

陈锦棠，1923年出生于台山中礼村。十几岁时，父亲去世，生活窘迫。1938年广州沦陷后到香港，读了一年初中后，于1940年，从香港乘船经日本到加拿大，后辗转到了美国纽约，他17岁时在唐人街洗衣店一边当学徒一边学习英文。20岁时做车床工作，属于国防部的。陈锦棠说，当时有一个在军方工作的华裔叫余新贤，与我是同乡，他正在中华公所招募华人参军，回中国跟日本作战。我心中想，国破家何在？有国才有家！便决定报名应征。最后被录取为"飞虎队"队员。

陈锦棠说，在美国同我一起参加"飞虎队"的台山人，我确切知道他们名字的就有32人，而那些不知道名字的还有很多。跟我同一个队的"飞虎队"队员，来自我们村子的就有四五个人，就这么巧。当时，与我同一组飞往昆明的有8人，他们都是五邑籍华裔，我是年龄最小的一个。还有一个"飞虎队"队员，他是我最要好的朋友，现在我们还经常保持联系，他叫陈群，是今深圳市宝安区人。据我了解，先后加入"飞虎队"的有1000多名华裔，甚至更多，而且很多原籍广东，我们台山籍的更是多得很呢！

陈锦棠应征入伍后，除了接受体能、枪械训练之外，还学习了电报接受及破译专训。他加入"飞虎队"后，被调到余新贤的队伍中去，负责操作无线电平台、与总部保持通信联络，截获、破译日军信息等工作。1943年末，完成受训的陈锦棠以飞虎队通信兵的身份来到云南昆明，回到阔别已久的国土。后随部队调派至湖北恩施、重庆、等地，其间因工作出色而立功获奖。陈锦棠回忆，当时我们的部队是"流动的电台"，哪里需要我们就去哪里。日军曾破译过我们的密码，在一次战斗中打掉了美军两架B29轰炸机。我们也以牙还牙，伺机截获、破译日本空军密码后，打他们个措手不及，还以颜色。

陈锦棠还保留着大量的前线珍贵照片，其中有一张拍摄于1944年夏天在湖北省恩施地区，除了陈锦棠、廖宏达、英三个华裔"飞虎队"队员外，还有一个小女孩，她是叶挺将军的女儿叶扬眉，这张照片上有他们四个人的签名。

1946年1月，部队返美，陈锦棠退役。回到纽约，陈锦棠申请到美国国防部做回老本行车床，但人满为患，又再做衣馆老本行，1948年，他到《美洲华侨日报》做机房排版工作。不久，陈锦棠参加了衣联会，为华侨华人争取权益。

1949年10月1日，中华人民共和国国旗在北京天安门升起，而在大洋彼岸的美国，陈锦棠所在的纽约华侨衣馆联合会也升起五星红旗，这是五星红旗第一次在美洲大地上高高飘扬。

2009年9月，以陈锦棠为团长的美国纽约华侨衣馆联合会访华团一行，向中国国务院侨务办公室捐赠了美洲升起的第一面五星红旗。这面旗帜目前由中国华侨历史博物馆收藏。

陈锦棠当时用粤语介绍说："这面五星红旗代表了美洲所在爱国华侨对祖国的一分爱，其中有血有泪也有汗。"

1974年，陈锦棠退役后第一次受邀访问中国大陆。此外，近20年来，陈锦棠多次组织衣联会访问团前往中国大陆，关心祖国发展，传递旅美华侨华人的心声。

2015 年，为纪念中国人民抗日战争胜利 70 周年，中国政府为 21 万抗战老战士等颁发纪念章，表彰他们的历史功勋。美国有 50 名人员获此殊荣。当年 9 月 29 日，时任中国驻纽约总领事章启月向前飞虎队成员陈锦棠和著名抗日将领董其武将军的女儿董宁祥颁发了"中国人民抗日战争胜利 70 周年纪念章"。

陈锦棠一生热爱祖国，热爱家乡，为中美两国人民友谊筑桥搭路，深受各界人士敬重和推崇。

2021 年 5 月 23 日，这位前美国"飞虎队"老战士、纽约华侨衣馆联合会元老在纽约逝世，享年 98 岁。

3 恩平籍飞行员及航空航天专家

梁汉一

梁汉一（1917—2001），祖籍恩平圣堂歇马村。梁汉一虽生于加利福尼亚州，但在父亲影响下自小就热爱祖国，青年时适逢抗战时期，愤然投笔从戎，参加了华侨及美国人民组织的支援中国抗日志愿军。1936年在美国空军服役，被派到美国空军学校学飞行，当时他才19岁。学成后在1941年参加美国志愿援华抗日航空"飞虎队"，被派到空军名将陈纳德麾下的第14航空队任飞行员，1941年8月随队回国参加抗战，驻扎昆明。飞虎队仅在12月12日和23日分别击落日机9架及战斗机9架、轰炸机15架。梁汉一作战英勇，功勋显赫，晋升为空军准将。这次逗留昆明虽有3个月时间，他没有忘记回国前父亲嘱咐抽空回乡一行，但因战事频繁，一直无暇回乡，只能利用战斗间隙，照着军用地图上标示的位置，驾机飞临恩平上空，以慰思乡之情。他曾参与昆明、鄂西、常德、河南、长沙、衡阳、桂林、柳州等空战。

1941年8月至1945年8月间获中国政府嘉奖10多次，并获美国、英国政府颁发的飞行十字勋章。抗战胜利后，回到美国继续在空军服役。因屡立战功，获授空军准将军衔。1944年9月，身为空军上尉的梁汉一在延安受到毛泽东的接见，得知他是恩平人，尚未回过乡。1972年2月，为实现中美建交，美国总统尼克松访华，梁汉一驾驶美国空军1号飞机载尼克松及其随行人员飞抵上海，周恩来总理亲自到上海迎接。当总统座机将要离开上海前往北京时，周恩来关切地询问梁汉一是否派中国领航员导航，梁汉一满怀信心，亲切地答："国内航线我很熟悉，处处可飞到。"在北京逗留期间，毛主席专门接见了他。一见面，毛主席就说："见到你，我很高兴。"由于是老相识，交谈气氛十分亲切、融洽，话题也多。当毛主席知道他至今尚未回过家乡时，便嘱咐他说："中国人都喜欢回家乡走走，以后找个机会回来看看吧。"

梁汉一十分思念家乡，但一直无法成行，尤其是在他父亲逝世后，因一直未能与祖国亲人联系上而苦恼。1984年几经周折才获悉他的堂弟梁汉明在香港，随即飞赴香港，兄弟相见竟还能用恩平话交谈问候。1986年梁汉一退休后，思乡之情更加迫切，经过一番努力后，终于以70岁高龄在1987年12月28日回到家乡恩平，受到当地各级政府及乡亲的热烈欢迎和盛情接待。

梁持旺

梁持旺（1900—1944），恩平歇马塘马园村人。1900年出生在一个小商贩家庭，1933年毕业于广东航空学校第六期。后进入广东空军服役。1937年抗战爆发后，加入航空救国行列。1938年8月任湖南衡阳航空总站股长。1944年参加衡阳保卫战，因衡阳机场遭敌机空袭轰炸，不幸壮烈牺牲。1945年抗战胜利后，被追授"卫国光荣牺牲特等功臣"称号。

岑泽鎏

岑泽鎏（1912—1941），恩平君堂大安村人。1931年考入广东航空学校第六期甲班学习飞行，至1934年毕业。历任广东空军第二队飞行员，中央空军第三大队第八队飞行员。第五大队第十七中队分队长、副中队长、中队长，第五大队副大队长，中校军衔。抗战期间，一人击落敌机 5 架。1937 年 4 月率队击落敌侦察机 1 架；同月参加武汉空战，率队击落敌机 21 架。1938 年春，岑泽鎏升任第十七中队队长，率机队转孝感。4 月 26 日，他接任务领队狙击敌机，合力打掉了日侦察机一架。29 日，日寇 39 架战机空袭轰炸武昌，第十七中队队长岑泽鎏率 4 架伊 -152 战机分两个分队进行截击，一分队岑泽鎏与朱均球两机，以快滚急剧垂直俯冲，突进至敌正后方 100 米处，瞄准射击，该机当即起火坠落，机中 8 人均焚毙。后日方证实，其中一名死者为 96 陆攻首席试飞员，号称"中攻四杰"之一的得猪治郎少佐。岑泽鎏率队从孝感飞向汉口上空，会同我空军飞机 60 多架并肩作战，击落日机 21 架。我方损毁飞机 12 架，阵亡 2 人。岑泽鎏重创敌轰炸机一架，又与僚机联手打掉了日寇战机 2 架。此役是著名的"四·二九"武汉空战。

5 月 20 日，敌机 20 多架窜至兰封附近滋扰，岑泽鎏即率机 9 架前往驱逐。由于敌机数量倍于我，在混战中我方飞机多被包围。岑泽鎏奋勇突围后，随即冲入敌阵驰援，救出两架僚机。

1939 年 2 月，第十七中队调至兰州休整。20 日、23 日，敌机 30 多架分批进犯兰州，岑泽鎏当即率 9 架苏制伊 -15 式驱逐机起飞，联合第十五中队和苏联志愿队出战，击落敌机 15 架。岑泽鎏此役击落击伤敌机各一架。不久，岑汉鎏奉命带领第十七中队转场成都，并升任第五大队副大队长。

同年 11 月 4 日，敌轰炸机 50 多架分两批空袭成都。岑泽鎏率机 7 架飞驰截击，敌机投弹后仓皇逃跑，我机队紧追不舍，击落敌机 3 架、击伤多架。岑泽鎏击落敌机的同时，自己的飞机也受了损，在成都太平寺附近迫降。

1941 年 3 月 14 日，敌舰空队 12 架零式驱逐机来犯成都，我空军第 3 和第 5 大队 31 架驱逐机接令迎战。第 5 大队 13 架驱逐机，分成两个梯队出击，在双流上空与敌机群遭遇，击毁敌机 4 架，但是，岑泽鎏不幸中弹阵亡，血洒长空。为表彰其功，国民政府将成都双流空军机场改名为泽鎏机场。1988 年，岑泽鎏被民政部批准为革命烈士。

黄泮扬

黄泮扬（1931—？），恩平恩城南昌村人。7 岁时随父亲赴英国伦敦。后 9 岁赴美，成长于波特兰市，个性沉默，不苟言笑。黄泮扬的英文名叫"John Wong"（黄约翰）。1921 年与陈瑞钿等同时进入美国波兰特美洲华侨航空学校第一期。结业后，同年回国，在广东航校受训后入广东空军。在广东空军，经过华侨特别班和军官班受训后，被分配到第六驱逐队任队员。因为身材矮壮，黄泮扬被其他海归飞行员起了个绰号"buffalo"（水牛）。他还经常跟人解释，这是中国勤勤恳恳的老水牛，不是美国野牛。1934 年至 1938 年间历任广东空军司令部第四中队分队长，中央空军第三大队中队长、第五大队副队长、大队长。1936 年和陈瑞钿等，被选派往德国空军接受驱逐科训练。结业回国后，在杭州笕桥中央航空学校任驱逐科教官。这一段时间的经历大致与陈瑞钿相同。1937 年初，空军加速编组各机队时，黄泮扬被任为第三大队第十七驱逐中队长。这个队原是前广东空军第二驱逐队所配备的美制 Boeing 下单翼驱逐机九架。可算是南京首次应战时航速最快的飞机。1937 年 8 月 15 日，日本"梗津"联队九六式中型轰炸机偷袭南京、句容，当即被击落 6 架。其中之一架就是被黄泮扬仰攻击落的。8 月 16 日，"鹿屋"联队用同型号的轰炸机来犯，又被击落。黄亦击落 1 架，坠落南京与扬州间。日本这两个联队是由台湾南部新竹机场远航来犯。经过几次被截击之后，损失惨重，之后不复再现。日军侵占长江口崇明岛修筑临时机场，就使用轻型轰炸机，以九五式驱逐机掩护，日夜轰炸南京各处，空战渐趋激烈。9 月 19 日，一次空战，第十七队队员刘兰清，座机中弹着火。他跳伞后，被敌机以违反"国际公约规定"轮番扫射至死于降落伞中。日寇此一野蛮手段，引起我方战士愤恨与警惕。以后凡跳伞后，空坠至近地前，才开伞。第十七中队经过多次空战，已损机减员。即奉命转移到南昌，调整补充。同时担任警戒巡逻。黄泮扬在鄱阳湖周围搜索，先后共击落敌水上侦察机 3 架。从这几次战斗中，他发现敌人侦察机前座驾驶员操纵，与后座侦察员兼射击手的配合，训练有素。为此经常告诫同事，凡与此种侦察机遭遇时，切不可轻敌。这种经验介绍，对队员战斗技术起到一定的作用。第十七中队调汉口参加保卫武汉之后，黄泮扬于 1938 年冬，全队调到后方甘肃省兰州西古城驱逐教导总队，整训补充。1939 年夏初，黄被调到四川成都，任第五驱逐大队长，晋升空军少校。1940 年，黄考进空军参谋学院，修业一年，结业后，不久，被派往英国伦敦中国大使馆，任空军武官。直到抗日胜利返国述职之后，即离开空军，在香港转营商业，现侨居泰国经商。黄泮扬参与抗日战争以来，其共击落敌机 7 架。

冯培德

冯培德（1941—），祖籍恩平牛江，飞行器导航、制导、控制专家，北京航空航天大学教授、博士生导师。1941 年出生于天津。1957—1963 年在北京大学力学系一般力学专业学习，1963—1967 年在南京航空航天大学自动控制系陀螺及惯性导航专业学习。1967 年加入航空部 618 所，曾任课题主管、专业组长，1981—1983 年赴美进修。1983—1984 年任惯性导航系统研究室主任，1984—2001 年任 618 所所长，2001—2002 年任 618 所科技委主任，2002 年至今任航空一集团科技委副主任。长期担任中国惯性技术学会副理事长兼系统与测试专业委员会主任。

冯培德教授是我国惯性技术领域的著名专家，从 1983 年起担任航空惯导系统的学术带头人，主持了由原国家计委、国家计划经济委员会、解放军总装备部、中华人民共和国国防科学技术工业委员会和国防科工委负责立项的国家专项研制任务，带领广大科技人员奋斗十几年，先后研制成功采用挠性惯性件的 563、573 平台式惯性导航系统，打破了西方国家的技术封锁，为国家填补了空白，满足了军方的急需。曾获国家科技进步特等奖、二等奖和发明三等奖各一次，国防科工委和部级科技进步一等、二等、三等奖共计 12 次。

曾被评为航空工业部劳动模范、航空一集团优秀领导干部，并于 1995 年被评为全国先进工作者。

2001 年当选为中国工程院院士。

潘天佑

潘天佑（1944—），祖籍恩平市平石水壳井村，他的父亲潘泽光是中国早期的空军飞行员。他在香港长大，毕业于香港伊丽莎白中学和香港大学，后来去了美国，在南加州大学攻读物理及电机工程，1974 年获得博士学位，随后进入 JPL（加州理工学院喷射推进研究所）工作，他所在的太空飞行操作中心，是 JPL 太空工程的"神经中枢"，任务包括操纵、遥控、导航、资信搜集、电信线路处理、数据分析处理等。

"卡西尼号"太空飞船是美国太空署多年来在 JPL 进行的最庞大的太

空工程，耗资 10 多亿美元。这项巨大的太空工程凝聚了大量华人的劳动成果，潘天佑是几个主管中唯一的华裔人士。

30 年来，潘天佑多次参与美国太空项目，他带领本系统数十位同事，强化和改善探测车与地面控制中心的联络，艰苦的工作终于在"勇气号"和"机遇号"成功着陆火星上得到肯定。

潘天佑多次代表美国宇航局与欧洲空间组织合作，协助法、德等国家管理太空通信网络，还多次出席在欧美举行的国际软件标准会议，被列入美洲西岸名人录，并被列入 1997 年美国及世界名人录，享有国际声誉。1998 年在国际系统工程学术会议上被推举为会议主席。

潘泽光

潘泽光（1913—1989），恩平恩城水壳井村人。1933 年从广东航空学校第六期毕业后，任广东空军司令部第五队飞行员。1936 年 7 月与同学黄志刚、岑泽鎏等驾机北飞南京，投效中央政府，抗日救国。1938 年 5 月至 1943 年间历任广西梧州空军运输站主任、中央空军总指挥部参谋、广西长安航空站站长、广州航空总站股长、湖南衡阳航空总站股长、中央空军充秧塘航空站站长等职。1942 年 9 月因其机智应敌、果断指挥，使衡阳机场 30 多架战机免遭敌机袭击。当年荣立战功 8 次，受航委会记大功 2 次。1949 年 9 月迁居香港。广州解放不久，随广东航空学校校长胡汉良从九龙回广州，进入中南军政大学学习。1950 年 9 月移居香港。1958 年定居美国。

卢发喜

卢发喜（1910—1944），恩平东成六斗田村人。8 岁时随父亲赴美国檀香山读书。15 岁时与堂兄卢传铭在美国加州汽车学校学习机械、电气修理。后在洛杉矶西方航空学校学习飞行。第二次世界大战爆发后，在美国应征入伍，被编入太平洋舰队航空队。1941 年 12 月驾机迎击偷袭美国珍珠港的日机，击落、击伤日机各 1 架，荣立战功，晋升为少尉。1942 年 6 月参加法国诺曼底登陆战，击落德机 1 架，在掩护友机脱险时不幸中弹牺牲。

卢传铭

卢传铭（1908—1996），恩平东成六斗田村人。8 岁时随母亲赴香港。10 岁时旅居美国。毕业于美国加州汽车学校和洛杉矶西方航空学校。1930 年回国，任广东航空学校教官。1933 年赴福建参加反蒋抗日空军，曾任李济深专机飞行员。抗战爆发后，任中央空军空运大队飞行员，曾两次负伤。后历任重庆侦炸班飞行教官、昆明军官学校飞行教官、新疆伊犁轰炸总队飞行教官、贵阳空军第一汽车修理所所长等职。抗战胜利后，任重庆空军总部交通处督察、中央航空公司飞行员。1949 年春，两次飞载国民党和谈代表到北平谈判，受到毛泽东、周恩来接见。曾受叶剑英委托，从北平飞载数百亿金圆券到南京，交给共产党组织做活动经费。1949 年 11 月在香港参加"两航"起义。后回上海从事民航工作。

结　语

　　天空是浩瀚的，但并不孤独。中华人民共和国成立以后，我国的航天事业取得长足进步。从 1970 年 4 月 24 日成功发射东方红一号卫星，开创了中国进入太空活动的新纪元。到 2020 年 12 月 17 日，嫦娥五号携带月球样品返回着陆，实现我国开展航天活动以来的四个"首次"：首次在月球表面自动采样；首次从月面起飞；首次在 38 万千米外的月球轨道上进行无人交会对接；首次带着月壤以接近第二宇宙速度返回地球。这是我国航天史上值得彪炳史册的伟大壮举，也是我国航天人不畏艰险永攀科学高峰的又一典范。

　　"追逐梦想、勇于探索、协同攻坚、合作共赢"的探月精神，与冯如精神可谓一脉相承。当下，世界正处于百年未有之大变局，这对我国来讲，是实现中华民族伟大复兴的重大机遇。牢牢抓住这个机遇，就要在各个领域实现全面突破、全面发展。突破的过程就是攻坚克难的过程，不管是深化改革还是创新创造，只有不畏难才能勇攻坚，才能让更多突破成为现实。

　　从冯如精神到探月精神，内涵丰富，对每一名干事创业者，既能提供内在动力，也指明了破题方法。弘扬以冯如精神等为代表的航天精神，不是提纲挈领的宣教，而是"内化于心，外化于行"，把其蕴含的深刻内涵广泛转化为攻坚克难的实际行动。

现阶段的攻坚克难，是"啃最硬的骨头"，只有主动出击才可能有所作为。航天精神既体现在个人勇于探索上，也体现在团队紧密合作上。不管是谁，不管处于哪个工作阶段，只有将航天精神与自己的工作实践相融合，把航天精神内化为解决实际问题的能力，才能真正达到弘扬航天精神的意义与效果。

追梦星辰大海、遨游无边苍穹，是中华儿女几千年来的美好夙愿，是实现中华民族伟大复兴的必由之路。

心有所信方能行远。冯如以来的一代又一代航天人，因为有梦想所以有力量。他们的一生就是不懈追逐梦想、勇于实现梦想的生动实践。伟大事业需要伟大精神的有力支撑。航天精神属于中国航天人，更属于全体中国人。把航天精神弘扬出去、传承下去，是我们共同的责任，也是我们的荣光。

我们要学习历代航空人敢于有梦、勇于追梦的精神品质，不忘初心，坚持梦想，将自己的个人追求同祖国的前途、民族的命运紧密联系在一起，将伟大中国梦作为事业的引路石、风向标，执着追求、力求突破，争做新时代的追梦人。

冯如年谱

1884 年（1 岁）

1 月 12 日（清光绪十年十二月十五日），生于广东省恩平县牛江区莲岗堡杏圃村，号树恒，乳名珠九。父冯业纶，母吴美英。有四位哥哥，其中大哥、二哥、四哥均早逝，三哥冯树声长至成年，已结婚，育有二子：一在广州，一在韶关。三哥在冯如 1911 年 3 月归国前去世。

1885 年—1890 年（2—6 岁）

随父母在家乡居住。

1890 年（7 岁）

随父母在家乡居住，除担负一些家务劳动外，最喜欢制作及玩放风筝。他制作的风筝多式多样。有一次，他做了一只翼端成椭圆形、体积特别大的风筝，风筝的两边各吊着一个小木桶。村里的乡亲见状，都说他瞎胡闹，不相信风筝能把木桶吊上天。冯如却不慌不忙，把风筝拉到村东空地，吩咐一个孩子拿着系着绳子的风筝，走到离冯如十多丈远处站定，冯如拿着绳子的另一端，一声吆喝"放"，那孩子随声把风筝向上一抛，冯如拉着绳子一掀，迎风疾走几步，风筝便如巨鸟腾空，带着两只小木桶飞上了天，逐渐升到近百米高。这件事一下成了奇闻，传遍了整个莲岗堡。

1891 年—1892 年（8—9 岁）

在家乡恩举书馆（私塾）读书，课余常用火柴盒等废弃物品制造车船模型位玩具，或放飞纸鸢。

当时教他的老师叫冯树义，教读的是《三字经》《论语》《孟子》等清代私塾常用的启蒙课本和珠算、信札等日常生活知识。老师也常给学生们讲述《三国演义》《封神榜》等章回小说中的一些故事。在这些故事中，冯如特别喜欢《封神榜》中的两个"飞人"——辅助商纣王的辛环和辅助周武王的雷震子空中大战的故事。他不管商纣王、周武王的是是非非，也不管老师说的不过是人们渴望飞行天空的神话。他感兴趣的只是这两个有翅膀的"飞人"，"四翅在空中，风雷响亮冲"的空战情景。他甚至能够把老师讲过的这段古代飞人空战的故事，原原本本地复述出来。

1893 年—1894 年（10—11 岁）

转学于邻村西闸学校，半工半读。

冯如常常在功课及劳动之余，用纸盒、竹片、木板等物料制作车船等模型玩具，做得惟妙惟肖。他后来醉心机器及志切航空事业，实是胚胎于此时。

1895 年（12 岁）

冯如课余还常常帮助双亲种田。这年夏天天旱，父亲叫他去尾水灌溉家田。他看到自家的田旱得龟裂，而隔邻略高的田却灌满了水，还向外溢出，水面比自家的田略高，中间隔着一条小路。于是，他模仿乡间酒坊运酒的方法，也就是物理学上的虹吸原理，用一根凿通了竹节的小竹竿，先用火烧软，屈弯成虹状，一头插入隔邻田的水中，口含另一头，用力一吸，把隔邻田中的水引进自家田中。这显示了他童年时代的科学才华。

征得父母同意，冯如随伯母的弟弟吴英兰（冯如称之表舅），前往美国旧金山谋生。

一个月后，到达旧金山，表舅的远房亲戚张南为其和冯如接风，此时，冯如认识了后来对其制造飞机帮助极大的黄杞和谭耀能，黄杞当时是一家工厂的机器维修工程师，谭耀能开洗衣店。

安顿好之后，冯如在黄杞帮助下进入橡树咖啡馆当门童，但遭到街头小痞子欺负只好作罢。后来跟表舅在唐人街出摊卖杂货，此时认识了后来的徒弟朱竹泉。

1896 年—1898 年（13—15 岁）

黄杞托洪门致公堂的关系，为冯如在耶稣教纲纪慎会找到一个差事。冯如白天在耶稣教纲纪慎会当杂工和机械工，夜间在英文补习学校学习英文。

1899 年（16 岁）

冯如奉父母之命回国，由父母做主，与恩平县岗坪堡竹林村（今属广东省开平市大沙镇）女子梁三菊结婚。

1900 年（17 岁）

到纽约，进入工厂。在电力、造船、机器等工厂当学徒、工人，晚间阅读科技书籍，钻研制造机器技术。

1901 年—1904 年（18—21 岁）

到纽约，进入工厂。在电力、造船、机器等工厂当学徒、工人，晚间阅读科技书籍，钻研制造机器技术。

1905 年（22 岁）

发明新式抽水机和打桩机，制成了性能优异的无线电报机。

对日俄战争侵犯祖国主权、蹂躏祖国同胞感到无比愤慨，决心研制飞机，保卫祖国。

1906 年（23 岁）

冯如从纽约重返旧金山，经营机器制造、销售业。当时，青年华侨朱竹泉对冯如高超的机器制造学识和技术十分钦佩，遂拜冯如为师，学习机器。

不久，冯如研制飞机模型，从纽约移居奥克兰，开始研制飞机。

1907 年（24 岁）

获得黄杞、张南、谭耀能的资助，继续研制飞机。

1908 年（25 岁）

5 月，租得奥克兰东九街 359 号一间面积仅 80 平方米的房屋为制造飞机的厂房，定名为广东制造机器厂，与黄杞、张南、谭耀能三人共同研制飞机。

制造了一批无线电话，使奥克兰唐人街华侨能够方便地与邻近城镇的华侨通话联系。

协助奥克兰警察局破获诈骗集团借无限电机输出公司名义行骗案。

1909 年（26 岁）

9 月，制造出第一架飞机，这是一架可以载人飞行的动力飞机后来有学者把这架飞机定名为：冯如一型飞机。

9 月 16 日，冯如和他的三位助手——黄杞、张南、谭耀能，艰难地把飞机运到奥克兰南郊匹满（Piedmont，又译派德蒙特）高地的伍·吉·典梓农场试飞，在那里完成了飞机的最后装配工程，准备正式试飞。

9 月 17 日傍晚，冯如驾驶这架飞机飞上了四分之三英里的高空。在行将着陆时，飞机发动机的气冷装置由于过热而停止工作，冯如来不及操纵飞机着陆，飞机即失控坠落地面，起落架的一个车轮与地面碰撞损毁。

9月21日傍晚，正式试飞。冯如驾驶着经过检验和更换了新车轮的飞机，冒着强风，在伍·吉·典梓农场崎岖不平的地面上起飞，围绕着一座小土丘，做椭圆形航线的绕空飞行，高度保持在10—15米。飞机飞行了一圈，航程约半英里（合804.65米），表明这架飞机具有良好的飞行性能，能够如意地进行操纵。当飞机回到起飞点的上空，冯如准备驾驶飞机转弯时，螺旋桨突然停止转动，飞机便头高尾低，向下坠落。位于飞机尾部起落架支柱的两个车轮与地面碰撞，起落架弯曲变形，冯如被抛出机外。幸因只有十多英尺高，冯如没有受伤。飞机虽在着陆时坠落地上，但取得飞高4.6米，航程804.65米的成绩，远远超过世界最早的飞机师莱特兄弟第一次试飞航程260米的成绩，为中国动力载人飞行史写下了光辉的第一页。

9月22日早上，冯如和他的三位助手一起，把飞机拆卸装箱，运回奥克兰他们的小工厂内，并宣布计划制造一架机体更牢固、发动机马力更强大的飞机，用来在祖国的广东省上空飞行。

9月23日，美国《旧金山考察家报》《旧金山呼声报》等英文日报，分别以《在航空领域，中国人把白人抛在后面》《中国人驾驶自制的飞机在空中飞行》为题，报道并高度评价了冯如的这次试飞，还介绍了冯如计划制造的另一架性能更优越的飞机。这架计划建造的飞机，将以钢管作支架，中国丝绸作蒙布，装备50马力的发动机。

10月，冯如于是联合旅美华侨黄梓材、刘一枝、朱竹泉等，把原来由冯如主持的广东制造机器厂改组，扩充为广东制造机器公司，并以广东制造机器公司试办飞船招优先股名义，公开招集优先股东及股金，得到旅美华侨的积极支持。

1910 年（27 岁）

1909 年 10 月 28 日至 1910 年 2 月中旬止，冯如共制造飞机 4 架，均以失败告终。

2 月 19 日，广东制造机器公司共收到第一期股金 5875 元，参加入股的股东 67 人，并于 3 月 7 日召开股东大会，选出黄梓材为总经理，负责营业，冯如为总机器师，领导技术工作。

2 月下旬，美国飞行家奥维尔·莱特及亚屈（Atwood）在洛杉矶表演飞行，冯如为了借鉴航空界前辈经验，专程前往参观。

在奥克兰表演无线电通信。

5 月，奥克兰东九街 359 号厂房因火灾被毁，冯如立即采取应变措施，在奥克兰以南可林打镇的麦园搭造临时棚厂作工厂，继续试制飞机。

10 月，才又将工厂迁回奥克兰。在此期间，冯如先后制造了飞机两架。第一架试飞效果不好。冯如认真地加以检查，发现飞机太重，于是将飞机拆卸，改用较轻的材料，重新组装，随即试飞，仍然无法起飞。

1911 年（28 岁）

1 月，制成一架"顿异前制"的飞机，这是冯如担任广东制造机器公司总机器师以来制造的第七架飞机。后来，学者把此架飞机命名为"冯如二型飞机"。

1 月 18 日，在美国奥克兰的艾劳赫斯特广场试飞，完全成功。

1 月下旬，冯如是在继"冯如二型飞机"制造成功着手装配第二架飞机的时候，接到清政府两广总督张鸣岐的电召和商务印书馆编译所长、著名学者张元济关于回国的当面邀请。

1月下旬至2月上旬，继续在奥克兰表演飞行。最后创造了飞行高110米、时速105千米、航程35千米的成绩。

1月31日至2月5日，孙中山先生在美国向华侨宣传革命及筹募起义经费，在旧金山停留，闻讯曾到与旧金山一海湾之隔的奥克兰参观，看到冯如驾驶着自制的飞机，飞上了220米（合700余英尺）的高空，其成绩超过1909年8月22—29日在法国理姆斯举行的第一届国际飞行比赛高度冠军塔拉姆（155米）的成绩，"赞赏不已，还以救国为问题，向冯君苦心劝说，加以勉励"，启导他认清形势，把才智献给祖国同胞。冯如已着手办理离美归国手续，在孙中山先生的启发下，认识到爱祖国和为封建腐朽的清政府工作是互相矛盾的两码事，决定只执行公司迁回祖国，发展航空事业的决议，拒绝清政府委派的职务，志在"壮国体，挽利权"，更加坚定了"航空救国"的理想。

2月21日，宣布试制飞机成功，广东制造机器公司改名为广东飞行器公司。

2月22日，冯如率领广东飞行器公司的技术人员朱竹泉、司徒璧如、朱兆槐，连同飞机两架（其中一架在装配中）及制造飞机的器材设备等，乘船离开旧金山回国。曾经与冯如一起制造飞机的同事到码头送别。至于广东飞行器公司在美国的未了业务，则由冯如委托其在奥克兰的挚友、熟悉当地情况的美国青年赫·威廉·尼里处理。

3月，船抵中国第一站上海，时距法国飞行家环龙于1911年2月27日在上海江湾跑马场表演飞行后不久，有报社记者访问冯如，请其留下，为上海市民表演飞行，使中法飞行家共同为上海航空史谱写最早的篇章，而冯如认为他应该先为其家乡广东的同胞表演飞行，又急于回乡省亲，遂婉词却之。

3 月 22 日，船抵香港，清政府两广总督张鸣岐派"宝璧号"军舰前往迎接。

6 月 21 日，在广州燕塘做试验飞机性能的飞行，因机件锈蚀，甫起飞即坠毁，冯如没有受伤。

11 月 9 日，清政府的广州官吏被驱逐，广州光复，广东军政府成立。冯如率领他的三个助手一起参加革命，被任命为广东革命军飞机长。他的助手朱竹泉为飞机次长，司徒璧如、朱兆槐为飞机员。冯如接受任命后，立即在燕塘恢复了广东飞行器公司制造、装配飞机的业务，用从美国带回来的自制的飞机零部件，加上在广州搜集到的竹、木、布匹等材料，在燕塘制造飞机，用了约 3 个月的时间，制成飞机一架。

1912 年（29 岁）

4 月，在广东华侨最多的台山县城南门桥（今属广东省台山市台城城区）表演飞行，到场观看表演的群众两千多人。这是中国人驾驶在国内自制的飞机，第一次在祖国领空上公开的飞行表演。

8 月 25 日，在广州燕塘大操场表演飞行，失事牺牲。被追授为陆军少将，遗体安葬在黄花岗，并立碑纪念，被尊为"中国首创飞行大家"。

9 月 4—8 日，广东各界公祭冯如。

11 月 16 日，民国临时大总统下令表彰及抚恤冯如。

后 记

今年年初，受中国华侨出版社委托，我们团队着手编写关于冯如的普及性书籍。冯如在江门五邑地区可谓家喻户晓，知名度高，已有大量形式多样的研究成果。我们团队在前期文献研究的基础上，把本书定位为融科学性与通俗性、时代性于一体，以故事为线索，准确生动再现冯如爱国创新的形象及其生活的时代背景的普及性书籍。

随着研究的深入，结合实地参观考察，我们真心为冯如的才华而惊叹，同时，又为他生不逢时而惋惜。风雨飘摇的近代中国社会，政府腐败无能，内外交困，纵有惊天之才，亦无一展抱负的舞台。

还看今朝，恰逢中国共产党百年华诞。在庆祝中国共产党成立一百周年大会上，中国人民解放军71架战机飞向天安门广场，向党致敬，向祖国致敬，向人民致敬。空中护旗梯队拉开飞行庆祝表演序幕，5架直升机分别悬挂中国共产党党旗和写有"伟大的中国共产党万岁""伟大的中国人民万岁""伟大的中华人民共和国万岁""全国各族人民大团结万岁"的条幅迎风向前。随后，直升机、战斗机分别组成"100""71"字样掠过长空，15架歼−20飞机组成3个梯队呼啸而过，教练机拉出10道彩烟，精彩的表演激起一阵阵欢呼声。

今日盛世如你所愿，我们为国家航天航空人才辈出而兴奋！

　　谨以此书致敬为民族独立、国家富强、人民幸福孜孜探索、舍身奉献的华侨先驱，启发后来者不忘来时路，以更加昂扬的斗志踏上新征程！

　　诚挚感谢恩平市文广旅体局、恩平市博物馆同人为本书的写作提供资料和相关便利。感谢冯如研究的专家、学者的辛勤劳动，如有本书借鉴了的成果而又没有一一标明的，敬请谅解，一并致谢。

李梓烽、张景秋、萧丽容

2021 年 7 月于江门职业技术学院

1. 《陈嘉庚的故事》，李成逊、陈晨编著，北京：中国华侨出版社，2020 年 1 月

2. 《钱学森的故事》，隋倩编著，北京：中国华侨出版社，2020 年 3 月

3. 《李林的故事》，王宝国著，北京：中国华侨出版社，2020 年 3 月

4. 《李四光的故事》，马晓荣编著，北京：中国华侨出版社，2020 年 4 月

5. 《钱伟长的故事》，王海燕编著，北京：中国华侨出版社，2020 年 4 月

6. 《司徒美堂的故事》，李丹、宋旭民编著，北京：中国华侨出版社，2020 年 4 月

7. 《竺可桢的故事》，张敏编著，北京：中国华侨出版社，2020 年 4 月

8. 《何香凝的故事》，刘松弢编著，北京：中国华侨出版社，2020 年 8 月

9. 《邓稼先的故事》，隋倩编著，北京：中国华侨出版社，2022 年 3 月

10. 《张振勋的故事》，周怡敏、余海源著，北京：中国华侨出版社，2022 年 3 月